Las aventuras de la clase invisible

Clea Saal

Índice

1. Esa palabra no se menciona

¿Heterosexual u homosexual? ¿A lo mejor bisexual? ¿Transexual? Todas éstas son identidades de las cuales oímos hablar en forma cotidiana. Están por todas partes. Vivimos en un mundo que parece estar obsesionado con el sexo, el genero, y la identidad del mismo, de modo que nos resulta casi imposible dar dos pasos sin toparnos con media docena de referencias al tema. Quizás solo estamos tratando de recuperar el tiempo perdido, al fin y al cabo hace tan solo algunas décadas estas palabras eran básicamente consideradas como tabú... eran términos que apenas si nos atrevíamos a susurrar ¡Cómo han cambiado las cosas! Y en general me atrevería a decir que ese cambio ha sido para bien, mientras nos esforzamos por construir una sociedad cada vez más inclusiva; a medida que los derechos de los homosexuales y los transexuales finalmente se tornan en lo que siempre debieron haber sido: derechos humanos fundamentales. ¿Sabes quienes faltan en toda esta historia, quienes siguen siendo invisibles y pasando totalmente desapercibidos? Aquellos de entre nosotros que nos describimos como asexuales.

En cierta forma se trata de un giro más bien irónico, ya que en la práctica hasta hace no mucho tiempo una especie de 'asexualidad pública' era esperada e incluso exigida. Cierto, la gente formaba parejas, se enamoraban y se distanciaban, y sin lugar a duda estaban teniendo relaciones sexuales y fabricando bebés. Eso se daba por sentado (así como también se daba por sentado que las personas que formaban esas parejas, las que se enamoraban, se distanciaban, tenían relaciones sexuales y fabricaban bebés eran heterosexuales, lo cual sirve también para demostrar qué tantas cosas estaban pasando desapercibidas... okay, en general eso de fabricar bebés era una actividad que estaba realmente restringida a las parejas heterosexuales, ya que la biología tiene algunos prejuicios en ese sentido, y las tecnologías de reproducción asistida eran algo más bien incipiente, por no decir nada del hecho de que se trataba de un campo donde no era raro que los médicos discriminaran abiertamente contra las madres solteras y las parejas de un mismo sexo). Era solo que se trataba de un tema del cual no se hablaba, e incluso las manifestaciones físicas de cariño entre las parejas heterosexuales eran mal vistas. La sexualidad era estrictamente un tema de puertas adentro, uno que debía permanecer lejos de los ojos del público... y en ese contexto era ridículamente fácil para la asexualidad el pasar desapercibida.

De hecho, habiéndome criado en un mundo que antecede a la aparición de internet, en un mundo en el cual nuestro acceso a la información, y nuestra capacidad de entrar en contacto con otros, eran mucho más limitados, nunca oí siquiera la palabra asexual (o al menos no en este contexto) antes de cumplir los treinta años. Simplemente no era parte de mi vocabulario, ni tampoco del de quienes me rodeaban. Solo sabía que era un bicho raro, que no encajaba, pero no existía un término concreto al cual pudiera echarle mano para explicar el por qué, ningún término que pudiera aplicarme a mi misma... y contrariamente a lo que muchos pueden suponer al leer esto, no procedo de una familia conservadora o religiosa, ni de una en la cual el tema era considerado como tabú. De hecho la realidad es exactamente lo contrario. Es solo que tenemos una cierta tendencia a olvidar que hace tan solo un par de décadas las cosas eran diferentes. Muy, *muy*, *MUY* diferentes.

¿Qué tan diferentes? Bueno, mis padres eran ambos profesionales en el campo de la salud mental (eran psicoanalistas, para ser exactos, lo cual quiere decir que a sus ojos todo, y me refiero absolutamente a todo lo que yo, o cualquier otro hacía era visto a través del prisma de la sexualidad), de modo que el tema era tratado como algo cotidiano en mi familia a un grado que no lo era en la mayoría de los casos, no en aquellos días. Ahora, si sus ideas respecto al tema eran correctas, o tenían el más mínimo sentido, es algo que está abierto a debate (¿Qué quieres que te diga? En lo que a mi concierne sus ideas en lo referente al tema, especialmente las de mi padre, estaban demasiado atadas a las ideas del siglo XIX en lo referente a los papeles de ambos sexos... Freud y todo lo demás. Qué rayos, recuerdo una perorata larga y sin sentido que recibí de mi padre sobre el tema de la envidia del pene cuando tenía algo así como trece o catorce años. No, el hombre nunca captó el concepto de 'apropiado a la edad', aunque para ser sincera debo decir que en lo que a mi concierne el momento ideal para esa linda plática habría sido exactamente nunca, pero esa es otra historia). En fin, lo que estaba tratando de decir es que, a diferencia de la mayoría de mis coetáneos, me crié rodeada de incontables referencias al tema, y también crecí rodeada por una serie de amigos de mis padres que eran abiertamente homosexuales. No era solo el hecho de que mis padres tenían amigos en la comunidad homosexual (cosa que, si bien ahora nos parece lo más natural del mundo, no era necesariamente la norma en aquellos días), sino que nunca se me ocultó la naturaleza de sus relaciones, y que para mi siempre fueron algo perfectamente ordinario. Que a mis ojos no había nada de extraño en ello.

En otras palabras, y a diferencia de lo que era el caso para buena parte de mis contemporáneos, nunca tuve que preocuparme por la posibilidad de ser rechazada si me revelaba como lesbiana o bisexual (aunque no estoy tan segura respecto a transexual), ¿pero asexual? No creo que la idea haya pasado siquiera alguna vez por las mentes de mis padres (o al menos por la de mi padre, que no estoy segura de si a la fecha ha contemplado esa posibilidad, y eso es a pesar del hecho de que paso de los cincuenta años ¿En cuanto a mi madre? Bueno, ella falleció antes de que yo cumpliera los treinta, es decir antes de que la palabra 'asexual' se convirtiera siquiera en parte de mi propio vocabulario, aunque creo que, con o sin un calificativo, tenía algunas sospechas en ese sentido, ya que en más de una ocasión me hizo algún comentario respecto a mi cinismo, y al hecho de que parecía haberle dado la espalda al amor y al romance sin haberlos probado siquiera, y que de algún modo había emergido del otro lado, pero volvamos a nuestra historia). La cosa es que incluso para un par de psicoanalistas obsesionados con la sexualidad el concepto de la asexualidad no era parte de su panorama mental. No era algo que pudieran siquiera empezar a comprender. En lo que a ellos concernía la sexualidad y el deseo eran el motor que hacía funcionar a todas las interacciones humanas, el alfa y el omega de nuestra existencia, el trasfondo que lo explicaba todo. Era el filtro que habían elegido.

Sí, el universo *tiene* un cierto sentido del humor: creían que estaban preparados para cualquier cosa, y su única hija fue a caer precisamente en la categoría que no podían siquiera empezar a comprender.

La cosa es que el ser asexual es algo que puede ser también descrito como una espada de dos filos.

Por un lado está el hecho de que somos la única minoría sexual contra la cual la discriminación legal es absolutamente imposible (aunque al igual que ha sido históricamente el caso para los miembros de las demás minorías, también nosotros hemos tenido que hacerle frente a la presión por parte de la sociedad en su conjunto para que nos sometamos a sus normas; también nosotros hemos sido presionados para que nos cacemos, fabriquemos bebés, etc.), por el otro lado está el hecho de que, en una forma más bien curiosa, probablemente podemos ser descritos como los más inusuales de todos.

Se supone que los humanos compartimos una serie de necesidades biológicas fundamentales con el resto del reino animal. La necesidad de comer, beber, dormir (okay, esa dista mucho de ser universal, ya que no podemos decir que una esponja de mar, un aguamala, o un ostión que no tienen siquiera un cerebro están despiertos, y hay quienes consideran que el sueño es una función biológica que solo se aplica en el caso de los animales con párpados, de modo que aquí les decimos adios a los peces), y, en términos generales, la necesidad de transmitirles nuestros genes a la siguiente generación a través de la reproducción sexual (una característica que compartimos con los peces y los ostiones, pero no necesariamente con las esponjas de mar y las aguamalas, ya que en la mayoría de los casos la reproducción de éstas es asexual). La cosa es que si bien los humanos (al igual que la mayoría de los mamíferos, reptiles, pájaros, anfibios y demás) moriríamos sin agua, comida, y en algunos casos sueño, podemos sobrevivir tranquilamente sin tener relaciones sexuales en caso de necesidad. Es solo que para la mayoría de los humanos la mera idea es considerada como una especie de infierno en vida. Cierto, algunos pueden sentirse atraídos por lo que la sociedad, e incluso la biología, probablemente describirían como la 'pareja equivocada' (cosa que puede, y frecuentemente da, pie a situaciones incomodas ya que no faltan aquellos que insisten en verlos como algo anormal, y que los discriminan abiertamente por ese motivo), pero por lo menos se puede decir que sienten atracción por *alguien*, que a pesar de todo siguen jugando el mismo juego, y que siguen estando guiados por el mismo principio fundamental que el resto de la humanidad. Pueden estar modificando las reglas un poco, algunos pueden incluso llegar a decir que están haciendo trampa, pero por lo menos están en la cancha. Nosotros, por el otro lado, estamos sentados en las gradas, comiendo palomitas, y viendo como se desarrolla el partido.

Somos *Los cristales soñadores*.

Okay, sé que no todos son locos de la ciencia ficción, y que la referencia no es exactamente una de las más conocidas, pero el término se deriva del título de una novela de Theodore Sturgeon que fue publicada en 1950. Tratando de no revelar demasiado de la trama, en esta historia nos encontramos con una forma de vida incomprensiblemente diferente a la nuestra, la cual ha compartido nuestro mundo desde tiempos inmemoriales, pero precisamente por lo diferente de su naturaleza su existencia ha pasado totalmente desapercibida.

Por supuesto que soy la primera en reconocer que soy simplemente yo, y que bajo ninguna circunstancia estoy en condiciones de hablar en nombre de la comunidad asexual en su conjunto (si es que se puede hablar siquiera de tal comunidad). Sí, soy asexual, pero eso no es algo que me define. No es algo que es una parte esencial de todos y cada uno de mis pensamientos o de mis acciones. Se trata tan solo de otro adjetivo. Es una etiqueta que me facilita el entender los motivos por los cuales no acabo de encajar, qué es lo que me hace diferente. Es también una etiqueta que me ayuda a hacer comprender a los demás cual es mi perspectiva. Sospecho que para otros la situación puede ser parecida, o quizás no lo es. Simplemente no lo sé, e incluso el escribir estas palabras me resulta extraño. Como dije anteriormente, no se trata de un tema que ocupe mayoritariamente mis pensamientos, pero me guste o no (y sea yo consciente de ello o no) sospecho que es algo que tiene un impacto considerable en la forma en la que interactúo con los demás. Sí, hay una consciencia cada vez mayor del hecho de que existimos, pero a pesar de eso seguimos siendo básicamente invisibles, siendo básicamente ignorados.

La gente puede hablar de un radar homosexual, o algo por el estilo, pero lo que no hay es un radar asexual, o si lo hay el mío salió defectuoso (desgraciadamente tras más de medio siglo de uso sospecho que la garantía caducó hace tiempo).

La cosa es que si bien es difícil discriminarnos (al menos no al grado al que existe la discriminación contra los homosexuales, los bisexuales y los transexuales), resulta muy fácil pasarnos por alto. Con frecuencia nos perdemos en medio del caos, de modo que éste es mi intento de hacerme oír, de abrirme un espacio para mi misma, y quizás de ayudar a otros a entender cual es mi (o a lo mejor incluso nuestra) perspectiva, porque una cosa que me resulta cada vez más evidente es que no estoy sola... que esa es solo una impresión.

2. Y después c*gieron

'Y vivieron felices por siempre', así es como se supone que terminan todos los cuentos de hadas, o al menos eso es lo que nos dicen (okay, seamos sinceros: hay algunos que son mucho más brutales, échale una ojeada a *La vendedora de fósforos* de Hans Christian Andersen si no me crees, pero por ahora limitémonos a la versión disnificada). ¿Sabes qué es ese 'y vivieron felices por siempre'? Claro que sí, es un lindo eufemismo, uno que se traduce, en términos simples como ' y después c•gieron'. Eso es, a fin de cuentas, lo que implica esa expresión. Es el objetivo del juego, la meta final... aquello para lo que fuimos puestos en este mundo, y no se nos permite olvidarlo. Estamos aquí para tener hijos, literalmente existimos para tener relaciones sexuales... o al menos esa es la versión oficial, la que nos meten en la cabeza desde el día en que nacemos, seamos conscientes de ello, o no.

Es también de lo que tratan la mayoría de las canciones, los libros y las películas, cosa que, si te pones a pensarlo, no resulta particularmente sorprendente.

En algunas culturas la vida de un individuo no se considera completa hasta que éste no ve nacer a su primer nieto. Eso, más que el nacimiento del primer hijo, es el momento crítico, el que sirve para confirmar que el ciclo continuará. Es la prueba final de su éxito, y en cierta forma tiene sentido (y tenía todavía más sentido cuando la tasa de mortalidad infantil rondaba el cincuenta por ciento, lo cual explica también el énfasis en los nietos más que en los hijos). Richard Dawkins ha descrito a los seres vivos como 'máquinas descartables para la supervivencia de los genes', ¿y qué es lo que necesitan esos genes para sobrevivir? Necesitan que nos reproduzcamos, necesitan que tengamos hijos, necesitan que tengamos relaciones sexuales. Nada más importa.

Por otro lado es cierto que los humanos no siempre nos apegamos a las reglas, y en ese sentido los asexuales no estamos solos en eso de hacerlas a un lado. Lo mismo se aplica, por necesidad, a buena parte de las parejas homosexuales (y en un grado un poco menor a las de lesbianas) al igual que a las incontables parejas heterosexuales que tienen problemas de infertilidad, o a aquellas que optan por no tener hijos simplemente porque no quieren (tanto los que optan por un estilo de vida DISH, que viene a ser 'dos ingresos, sin hijos', o a aquellos que, horrorizados por nuestra realidad cotidiana, opinan que el mejor regalo que pueden hacerles a sus futuros hijos es no tenerlos). Lo que nos distingue a los asexuales de los homosexuales y de las parejas heterosexuales sin hijos es que mientras que en estos casos se trata de parejas que no pueden, o no quieren, alcanzar la meta establecida, los asexuales simplemente optamos por no entrar en el juego, y es en torno a este juego que la sociedad en su conjunto está organizada.

Es algo que ocupa un papel central en todo, y los recordatorios constantes son ineludibles. El mensaje nos es transmitido en forma incesante, y ese adoctrinamiento comienza desde mucho antes de que tomemos conciencia de lo que realmente implica, cosa que nos hace imposible el tratar siquiera de oponer resistencia. No nos queda más remedio que absorber ese mensaje, gota a gota.

Debo admitir que cuando voy (o para ser más exactos iba) al cine con frecuencia me preguntaba si no debía pedir un treinta por ciento de descuento, dado que sabía de entrada que iba a pasarme un tercio de la película poniendo los ojos en blanco, y preguntándome cuando iban a retomar la trama. De hecho esa es una de las razones por las que tiendo a inclinarme por la ciencia ficción de la edad de oro, la animación y los clásicos. Esos son mis espacios seguros, al grado en el que alguno existe. Incluso una comedia romántica como *Cantando bajo la lluvia* o *Una Eva y dos Adanes* tiene la suficiente trama más allá de la historia de amor como para que el verlas me resulte placentero. Sí, el trasfondo de 'y después c*gieron' sigue estando ahí, al acecho, pero por lo menos en aquellos días ese trasfondo seguía siendo un trasfondo. ¿Hoy en día? Hoy en día los directores parecen estar decididos a meter tantas escenas eróticas como les resulte posible en el tiempo que tienen a su disposición, y la historia se ve reducida al papel de una mera excusa para hilvanar dichas escenas, mientras que la sutileza ha sido básicamente arrojada por la ventana.

Claro que soy consciente de que hubo también un periodo en las décadas de los 60 y los 70 cuando esta actitud tenía un cierto sentido, ya que los directores estaban tratando de liberarse de las cadenas que habían sido las regulaciones moralistas que habían caracterizado a la industria cinematográfica hasta ese momento, y estaban tratando desesperadamente de ver que tan lejos se les iba a permitir llegar, pero, ¿hoy en día? Hoy en día no queda nada de esa actitud desafiante. Los límites han sido expandidos todo lo que podían, de hecho han sido totalmente aniquilados, de modo que el objetivo ha pasado de ser el presionar los límites a simplemente presionar nuestros botones.

Se trata simplemente de que al final de cuentas el sexo vende, y esos directores calculan que mientras más escenas eróticas metan en sus películas, más traseros van a meter en esas butacas.

Sí, entiendo que los asexuales somos la excepción, y que no podemos pretender que el resto del mundo se amolde a nuestras sensibilidades. Entiendo que para el noventa y nueve por ciento de la población el tema resulta absolutamente fascinante en una u otra forma (ese es precisamente el motivo por el cual el sexo vende), y cuando digo que el tema les resulta fascinante no me refiero solo a algo como el interés que un entomólogo puede demostrar cuando se encuentra con una coloración inusual en un escarabajo, que es como yo me siento cada vez que tengo que confrontar el tema.

En lo que a los libros y la música se refiere, bueno, puedo apreciar una balada tanto como cualquiera, aún si el tema me deja un poco afuera, e incluso una canción con un título provocativo como lo puede ser *Chicas culonas* [*Fat Bottomed Girls*] es lo suficientemente pegajosa como para mantener mi atención... y sí, puedo entretenerme oyendo algo como eso sin sentir la necesidad imperiosa de poner los ojos en blanco, pero a fin de cuentas lo que me atrae es la música, y no estoy babeando tras los artistas, motivo por el cual las reacciones de los fans suelen parecerme algo absurdas. Por supuesto, el hecho de que, a diferencia de lo que sucede con las películas, las canciones no duran más que unos pocos minutos también significa que no se me hacen eternas, y que en términos generales no suelen tener tramas muy complejas, sino que más bien hacen las veces de declaraciones de amor más bien ridículas. En general tenemos el tradicional 'te amo, te amo, realmente, realmente te amo', el más provocativo 'te amo, te amo, realmente, realmente te amo, y la vamos a pasar tan bien haciendo X,Y y Z', o el lado oscuro 'te amaba, te amaba tanto, pero me dejaste y no puedo olvidarte', y después de eso la canción se terminó. Somos libres para pasar a otra cosa, aunque de vez en cuando nos encontramos con cosas como *Todo acerca de ti* [*Everything about You*] de Ugly Kid Joe, canción que fue lanzada en la década de los noventa, antes de que la policía de la positividad entrara en funciones. Hoy en día nadie se atrevería a lanzar al mercado una 'balada' como ésta porque inevitablemente alguien se va a dar por ofendido, y a hacer todo un escándalo.

Y por último tenemos a los libros...

Okay, a lo mejor estos tendrían que haber sido nuestro punto de partida, ya que anteceden a las películas por cuestión de siglos, y es cierto que hay incontables clásicos en los que esto no es siquiera un factor (aunque también hay otros que tienden a destrozar nuestras nociones preconcebidas de ciertos periodos históricos como reprimidos y recatados. Como ejemplos de esto tenemos al *Decameron* de Bocaccio, y a *Los cuentos de Canterbury* de Chaucer, los cuales hacen trizas a nuestras expectativas en lo referente a la Edad Media), pero por lo general una vez más estamos varados. Incluso *La odisea* de Homero termina con el tradicional 'y después c*gieron', es solo que se tarda un poco más que el promedio para alcanzar dicho punto. Por supuesto, en lo que a la literatura se refiere, el hecho de que los libros hayan estado dando vueltas desde el principio de la historia (después de todo se dice que la historia como tal arranca a partir de la invención de la escritura, todo lo que la precede es considerado como parte de la prehistoria) significa que en esta área tenemos más tela de donde cortar, y que nos resulta mucho más fácil el encontrar algo que se amolde a nuestras necesidades.

Como mencioné anteriormente, en lo personal tengo una cierta tendencia a gravitar hacia cosas tales como los clásicos de la ciencia ficción, la fantasía, y también hacia aquellos libros que tradicionalmente han sido leídos por niños (aunque eso no necesariamente significa libros que han sido escritos con los niños en mente, ya que la idea de escribir un libro para ese público en particular es una más bien reciente, de modo que tenemos obras tales como *Robinson Crusoe* y *Los viajes de Gulliver*, que acabaron siendo asignados a esta categoría mas por azares del destino que por una decisión deliberada de sus autores). En cuanto a los clásicos de la fantasía y la ciencia ficción... bueno, se supone que esos estaban dirigidos a castos adolescentes (no te rías), de modo que el contenido erótico no es nunca explícito, aunque en ocasiones pueden irse al extremo opuesto, y acabar excluyendo a los personajes femeninos por completo. En ningún lado es esto más evidente que en *El hobbit* y en la trilogía de *El señor de los anillos* de J.R.R. Tolkien. Y sí, en la misma forma en la que los personajes asexuales no abundan en la literatura a lo largo de la historia, tampoco es raro que las mujeres brillen por su ausencia, especialmente en la ciencia ficción de los 50 y 60 (donde nos encontramos con autores tales como Ray Bradbury, Isaac Asimov y compañía), aunque este no siempre es el caso en lo referente a la ciencia ficción de un periodo anterior, especialmente la ciencia ficción inglesa de la entreguerra, donde nos topamos con obras tales como *Sirio* de Olaf

Stapleton (libro que data de 1944, y donde digamos que si bien al final el muchacho se queda con la chica, lo que resulta evidente... bueno digamos que lo que resulta evidente es que ese muchacho probablemente no habría sido su primera elección... um, sí, se trata de un libro que, con una lectura más detallada, tiene un trasfondo algo retorcido, aunque referirse a él como un trasfondo no es del todo acertado, ya que tiene la sutileza de un yunque que nos cae en la cabeza), o la distopía hedonista de *Un mundo feliz* de Aldus Huxley, libro que data de principio de los treinta y que describe un mundo en el cual la gratificación sexual instantánea no solo es esperada, sino que resulta fácilmente accesible (de hecho el negarse a participar es lo que resulta totalmente inaceptable, al grado que los niños son condicionados desde su más tierna infancia para participar, y que son activamente castigados si se niegan a hacerlo), pero por otro lado las conexiones personales más profundas han desaparecido por completo ¡Gracias a Dios que eso nunca sucedió!

3. Un ateo en una convención de fundamentalistas

A veces tengo la sensación de que el ser asexual en el mundo contemporáneo es como ser un ateo en una convención de fundamentalistas religiosos.

Sí, hay diversos contingentes, y al igual que los cristianos, los judíos y los musulmanes esos contingentes no siempre están en los mejores términos, pero al final del día comparten un mismo punto de partida. Pueden orar en formas diferentes, pueden estar en desacuerdo en básicamente todo (y mientras menor sea la diferencia mayor va a ser el escándalo que van a armar al respecto, o al menos eso es lo que suele parecer desde afuera), pero a fin de cuentas hay un detalle en el que todos están de acuerdo, y eso es en el hecho de que Dios existe. Los asexuales somos como un grupo de ateos que se aparecen por ahí y dicen, '¿Um?'

Puede no ser la más elocuente de las auto-presentaciones, pero con su mera presencia esos ateos están invitando al caos. Con su sola presencia están poniendo en tela de juicio al punto en el cual hasta entonces todos estaban de acuerdo, el que todos daban por sentado, y esa es una postura que difícilmente va a ser apreciada o bienvenida.

Otro aspecto en el cual los asexuales pueden ser vistos como las contrapartes de los ateos está en el hecho de que no tienen el mismo espíritu de comunidad que caracteriza a los grupos religiosos, ni tampoco parecen compartir la misma determinación para crear espacios seguros o comunes. Los católicos van a la iglesia, los judíos a la sinagoga y los musulmanes a la mesquita. Los budistas también tienen sus templos. ¿Los ateos? Nope, para ellos no existe un espacio públicamente reconocido, no tendría sentido el crearlo... y en cierta forma lo mismo se aplica a lo que pasa por la comunidad asexual. Los heterosexuales siempre han sido reconocidos y respetados. Son los que mandan en este gallinero. Son como los cristianos en la Europa medieval. Los homosexuales, las lesbianas y demás han luchado como gatos boca arriba para reclamar sus propios espacios. Se los han ganado a pulso, y lo mismo puede decirse de las mujeres (en un contexto que no resulta del todo diferente), unas cuantas décadas atrás. ¿Los asexuales? Esos no han dado siquiera el primer paso, y tampoco parecen sentir la misma necesidad imperiosa.

Eso, me sospecho, se relaciona con otra cosa que mencioné en el primer capítulo de este libro (aunque sigo siendo renuente a hablar en nombre de la comunidad asexual en su conjunto), y ese es el hecho de que no vemos a nuestra asexualidad como una de nuestras principales características. Para mi el hecho de que soy una mujer es ineludible, y ese hecho ha definido todos los aspectos de mi vida en forma evidente. ¿Mi asexualidad? Esa también a jugado un papel importante, pero mientras que una de estas características tiene una influencia crítica en la forma en la que soy percibida por el mundo en su conjunto, la otra no la tiene.

A diferencia de todas las demás formas de expresión de la identidad sexual y de género, la asexualidad es una veta totalmente invisible, una que carece de manifestaciones externas. No estamos definidos por lo que hacemos, sino por lo que dejamos de hacer.

En la teología existe un concepto conocido como la via negativa. Esto significa el describir a algo en términos de lo que no es, en lugar de hacerlo basándonos en lo que es. Es un concepto que se manifiesta a lo largo del tiempo y el espacio, y en general se aplica a aquellas cosas que no somos capaces de comprender plenamente (y si bien es un concepto que se asocia principalmente con la teología, donde Dios es frecuentemente descrito como incomprensible, su uso no se limita estrictamente al campo de los estudios religiosos). La via negativa tampoco se restringe a una sola tradición, de modo que echémosle una ojeada a algunos ejemplos para ver más claramente lo que ésta implica.

El más evidente es el que se encuentra en las primeras líneas del *Tao Te Ching*, el texto fundamental del taoísmo, el cual comienza en esta forma:

> *El tao [el camino] que puede ser nombrado no es el tao auténtico e inmutable.*

> *El nombre que puede ser nombrado no es el nombre auténtico e inmutable.*

Por el lado de la cristiandad, donde el uso de la via negativa es menos frecuente, nos encontramos que en el curso del siglo IX el teólogo Johannes Scotus Eriugena escribió lo siguiente:

> *No sabemos qué es Dios. Dios mismo no sabe qué es porque no es nada [es decir, no es parte de la creación]. En el sentido más literal, Dios no es porque transciende al ser.*

Por otro lado la manifestación mejor conocida de la via negativa probablemente puede ser encontrada en la India, en textos como los *Upanishads* y el *Avadhuta Gita* (*La canción del alma libre*) en donde encontramos el concepto de *neti neti* ('no es esto, no es esto' o 'no es esto, no es aquello dependiendo de la traducción), que frecuentemente intenta definir a Brahman y/o al alma en base a lo que no son en lugar de hacerlo en base a sus atributos, y por supuesto en el contexto del budismo encontramos al concepto de *anatta*, la negación de la mera existencia del ser, o de una esencia inmutable de la persona, como uno de sus principios fundamentales.. Puedes verlo como una filosofía que dice 'no soy mi cuerpo, no soy mi mente', en contravención del más tradicional, o quizás debería decir intuitivo, 'yo soy mi cuerpo, yo soy mi mente', aún si a fin de cuentas sabemos que esto no es necesariamente así, que no somos ni uno ni el otro, o quizás que somos más que la suma de esas partes. Por supuesto, la pregunta de que somos queda abierta, pero esa es una respuesta que no puede ser claramente definida, que es básicamente lo que este ejercicio trataba de demostrar porque la capacidad de las palabras para describir las cosas es demasiado limitada para poder definir en forma precisa a aquello que es realmente ilimitado.

Un ejemplo bastante interesante del *Avadhuta Gita* es el siguiente (y antes que nada quiero disculparme por lo largo de esta cita, pero el *neti neti* se negaba a quedarse quieto, iba y venía a su antojo, de modo que al final decidí incluir una cita más extensa, ya que el resultado era más coherente de lo que lo habrían sido una serie de fragmentos inconexos ¡Perdón!):

Todos los textos sagrados dicen que la verdad carece de atributos, que es pura, inmutable, incorpórea y que existe en la misma medida en todos lados. Entiende que soy eso.

Entiende que aquello que tiene forma es falso, que aquello que carece de ella es eterno. A través de la enseñanza de esta verdad no habrá más reencarnación en este mundo.

Los sabios dicen que la realidad es una y siempre la misma, y mediante la renuncia al apego la mente, que es una y muchas, deja de existir.

Si es de la naturaleza del no-ser, ¿cómo puede haber Samadhi [unión con lo divino]? Si es de la naturaleza del ser, ¿cómo puede haber Samadhi? Si 'es' al mismo tiempo que 'no es', ¿cómo puede haber Samadhi?

Eres una realidad pura, homogénea, no nata e inmutable. ¿por qué piensas en ti mismo como 'lo sé aquí' o como 'no lo sé'?

A través de frases tales como 'tú que eres', tu propio ser es afirmado. De aquello que es falso y que está compuesto por los cinco elementos, las escrituras nos dicen 'no es esto, no es aquello.'

En la medida que el ser es llenado por el ser, así también es todo llenado continuamente por ti. No hay ni meditación ni meditador. ¿Por qué medita tu mente sin vergüenza?

No conozco al Supremo; ¿cómo debo referirme a él? No conozco al Supremo; ¿cómo debo adorarlo? Si yo soy el Supremo, que es la máxima Verdad, que es el ser homogéneo e idéntico al espacio, ¿cómo debo hablar de él y adorarlo?

El principio del yo no es la verdad, que es homogénea, que está libre de las causas de la superimposición y de las distinciones entre el que percibe y lo que percibe. ¿Cómo puede el yo ser eso que es consciente de si mismo?

No existe sustancia alguna que es por naturaleza ilimitada. No existe sustancia que sea la naturaleza de la realidad. El ser mismo es la verdad suprema. No hay ni herida ni ausencia de herida en él.

Tú eres la realidad homogénea; eres puro, incorpóreo, no nato e inmortal. ¿Por qué te engañas en torno al ser? Una vez más, ¿me engaño a mi mismo?

Cuando el recipiente se rompe el espacio dentro del mismo es absorbido por el espacio infinito y se torna indiferenciado. Cuando la mente se torna pura no percibo ninguna diferencia entre la mente y el ser supremo.

No hay recipiente, no hay interior del recipiente. No existe ni el alma individual, ni la forma del alma individual. Entiende al Brahman [la realidad concreta que se encuentra detrás de todo], libre del conocedor y el conocimiento.

Pero suficiente con esta cita, volvamos a nuestra historia. Lo que estaba tratando de decir es que no soy homosexual, no soy heterosexual, no soy transexual, y para ser sincera tampoco tengo demasiado interés en el tema.

4. De normal a anormal

Si lo vez desde afuera se podría decir que la forma en la que las cosas han cambiado es graciosa. Si estás atorado en el meollo del asunto, no tanto.

En pocas palabras, en los malos, viejos tiempos, cuando el sexo era visto como tabú, los asexuales la teníamos fácil. No, no le estábamos restregando nuestra existencia en la cara a nadie, no éramos más explícitos en lo concerniente a nuestra sexualidad, o falta de ella, que el resto de la población (de hecho muchos de nosotros, e incluso quizás una mayoría, no teníamos siquiera idea de qué éramos). Era simplemente que en tanto el tema fuera uno que no se mencionaba siquiera en buenas compañías, no teníamos problemas. Que, a diferencia de lo que era el caso para el resto de la humanidad, ese silencio nos venía como anillo al dedo. Como dije anteriormente, éramos, y seguimos siendo, la única minoría que no puede ser oficialmente criminalizada ni perseguida por la sencilla razón que para hacerlo alguien tendría que declarar que el *no* tener relaciones sexuales es un delito, y eso no es exactamente viable. En ese sentido corrimos con suerte.

De hecho, en lo referente a la condena de las identidades sexuales no tradicionales, incluso la 'ciencia médica' tomo cartas en el asunto, y hasta una fecha ridículamente reciente tanto la homosexualidad como la transexualidad (o para ser exactos la disforia de género) eran consideradas oficialmente como enfermedades mentales, cosa que nos deja entrever que tan poco confiable resulta esa etiqueta, y hasta que grado puede ser manipulada para adaptarse a los caprichos de la sociedad, sin cumplir ninguna función médica en el mundo real. No, no estoy diciendo que las enfermedades mentales no existen, ni que cosas tales como la psicosis y la esquizofrenia no sean problemas serios que requieren una intervención médica inmediata, pero existen también incontables diagnósticos que están flotando por ahí que en la práctica se traducen simplemente como 'no encaja y/o se niega a cooperar', u otros que, aún cuando describen a un comportamiento que puede acabar resultando letal (tales como la automutilación y las ideaciones suicidas) se refieren a estados mentales en los cuales el catalogarlos como una 'enfermedad' probablemente va a hacer más mal que bien.

Pero ahora tornemos nuestra atención a los dos diagnósticos que nos conciernen: la homosexualidad y la disforia de género. ¿Hasta cuando fueron estos vistos como enfermedades mentales? Bueno, en el caso de la homosexualidad nos encontramos con que la Asociación Psiquiátrica de Estados Unidos (APA por sus siglas en inglés) no la eliminó de la lista de diagnósticos posibles sino hasta 1973, y que la Organización Mundial de la Salud no hizo lo propio sino hasta el año 1990.

Esa era la perspectiva médica, ¿pero qué decía la ley?

Bueno, en ese sentido nos encontramos con que Alan Turing fue condenado en el Reino Unido en 1952, por 'indecencia obscena'. En su momento se le ofrecieron dos alternativas, ir a prisión, o la libertad condicional, que fue lo que eligió finalmente, aunque ésta lo obligaba a someterse a una especie de castración química. Al cabo de dos años estaba muerto por su propia mano, incapaz de tolerar los cambios que podía observar en su propio cuerpo. Eventualmente recibió un 'perdón' póstumo (podemos debatir si necesitaba ser perdonado, o si era mas bien la sociedad en su conjunto la que debería haberle estado pidiéndo perdón de rodillas, perdón que, estando muerto, el hombre no estaba en condiciones de conceder). Hoy en día su rostro adorna los nuevos billetes de £50.00.

En lo que a los Estados Unidos se refiere, ahí lo que tenemos es que en los años cincuenta todos los estados tenían leyes que penalizaban la homosexualidad, y que en 1986, mientras esas leyes estaban siendo derogadas a diestra y siniestra, la corte suprema sostuvo el derecho de los estados a declarar ilegal a la homosexualidad. De hecho no fue sino hasta el año 2003, treinta años después de que la APA eliminó a la homosexualidad de la lista de diagnósticos clínicos, que la corte decidió que estas leyes contravenían los derechos individuales más fundamentales, y las declaró inconstitucionales, aunque siguen existiendo nominalmente en unos catorce estados ¿Esa descriminalización? Esa tuvo lugar poco menos de un año antes de que Massachusetts se convirtiera en el primer estado en legalizar el matrimonio entre personas del mismo sexo (y un par de años después de que Holanda se convirtiera en el primer país en celebrar y reconocer dichas uniones). Así de diferentes eran, y a nivel global siguen siendo, las actitudes en lo concerniente al tema. De hecho cuando escribo estas palabras nos encontramos conque hay todavía más de setenta países (de un total de 195) en los que la homosexualidad sigue siendo ilegal, incluyendo a varios de mayoría musulmana en los cuales es una ofensa capital. Cierto, muchos de esos setenta países son ex-colonias británicas, tales como Jamaica, donde estas leyes no suelen ser aplicadas, aunque el mero hecho de que sigan oficialmente vigentes es perturbador.

¿Y qué hay de la disforia de género? Esa siguió estando oficialmente clasificada como una enfermedad mental en Estados Unidos hasta el año 2013, y la Organización Mundial de la Salud la siguió viendo como tal hasta el 2019. Por supuesto, en este caso tenemos también el hecho de que este diagnóstico trae consigo una serie de problemas adicionales que lo hacen particularmente difícil de manejar, ya que si bien el clasificarlo como una forma de enfermedad mental en el sentido convencional no es 'aceptable' (y aquí cabe recalcar que de lo que estamos hablando es de un comportamiento que la sociedad considera que se desvía de la norma, no de una enfermedad que pueda ser considerada como tal), tiene una serie de características que complican significativamente las cosas ¿La razón? Que si bien para que la homosexualidad fuera al menos nominalmente aceptada lo 'único' que se necesitaba era un pequeño cambio de actitud (o al menos esa era la teoría), en el caso de la disforia de género de lo que estamos hablando es de una condición que pasó de ser vista como un problema que debía ser combatido y suprimido, a un diagnostico que requería una intervención médica en su favor en la forma de tratamientos hormonales y cirugías de reafirmación del género... y eso es sin mencionar siquiera los desafíos legales. En otras palabras, de lo que estamos hablando aquí no es exactamente de una situación donde lo único que era necesario para rectificar la situación era darle a alguien una palmadita en la cabeza y decirle 'Oye, ¡perdón! Todo está bien ahora.'

Además de esto también está el hecho de que desde el día en que nacemos, en nuestras actas de nacimiento, se nos asigna un sexo en específico basados en nuestras características anatómicas, ya sea éste masculino o femenino. Para la gran mayoría de la población esto no representa un problema, y eso es cierto incluso para los homosexuales y las lesbianas, pero para quienes sufren de disforia de género este es un error que cala hondo. En algunos países el corregirlo es relativamente fácil, y no hay mayores obstáculos. En otros se requiere una intervención judicial, o un diagnóstico médico, o incluso una cirugía de afirmación de género. En muchos es ilegal sin importar las circunstancias. En lo concerniente a los Estados Unidos, una vez más lo que tenemos en este caso es una mescolanza de leyes contradictorias que son casi imposibles de reconciliar.

Por supuesto, de lo que estamos hablando aquí es de un problema que no se limita al marco legal, ya que existen también territorios tales como Chechenia donde las matanzas extrajudiciales de homosexuales y transexuales son algo cotidiano, como también lo son las 'violaciones correctivas' de las lesbianas, casos a los que las autoridades hacen caso omiso. Se trata de un escenario que se repite una y otra vez en forma cotidiana a lo largo y ancho del mundo, cosa que conviene tener en cuenta, sobre todo porque muchos de nosotros vivimos en una burbuja que tiende a tratar las actitudes que vemos reflejadas en círculos progresistas occidentales como la norma, mientras que allá afuera, en el mundo real, éste dista mucho de ser el caso.

Es un problema, uno que debe ser resuelto, y se trata también de un área donde queda mucho trabajo por hacer, pero volvamos al tema de este libro en particular, porque si bien el mundo (o por lo menos ciertas regiones de éste) finalmente parecen estar yendo en la dirección correcta en ese sentido, habiendo legalizado numerosos países no solo el matrimonio entre personas del mismo sexo, sino que también se han generado garantías legales que penalizan la discriminación, e incluso consideran ilegal el tratar a las cuestiones de identidad de género como una enfermedad mental, por no decir nada de la prohibición de prácticas tales como las terapias de conversión, por momentos parece que la asexualidad va en la dirección contraria.

No, no hay forma de que ésta pueda llegar a ser considerada como ilegal, ni nada por el estilo (y tampoco es probable que llegue a ser vista algún día como una cuestión patológica como lo eran la homosexualidad y la disforia de género hasta no hace mucho), pero el problema va mucho más allá de las instancias médicas y legales. Por ejemplo, no es raro encontrarnos con que las actitudes prevalecientes en ciertos países en lo referente a los homosexuales, las lesbianas y los transexuales dista mucho de reflejar lo que indica la ley, y que en las calles las actitudes predominantes siguen siendo abiertamente hostiles. En Ecuador, por ejemplo, el matrimonio homosexual es legal desde hace varios años, la discriminación y la patologización están oficialmente prohibidas por la ley, y los transexuales pueden modificar sus documentos de identidad sin tener que recurrir a instancias médicas ni judiciales, pero entre la mitad y dos tercios de la población siguen expresando su rechazo incluso al matrimonio de personas del mismo sexo, el cual es visto como una política que les fue impuesta desde arriba, y que no corresponde a los valores de su sociedad (dicha legalización se dio a partir de un fallo judicial). La cosa es que, a medida que las distintas formas de expresar públicamente la sexualidad se tornan cada vez más aceptables, en el mundo real la ausencia de dichas manifestaciones está pasando a ser vista cada vez más como una especie de anomalía.

La sexualidad a pasado de ser un tema tabú que apenas si se mencionaba a ser el prisma a través del cual lo vemos a todo, y bajo esas circunstancias no es de extrañar que su ausencia esté dejando a este grupo viéndose un poco desdibujado. No encajamos. Nos falta algo que la sociedad, e incluso la biología, consideran absolutamente esencial... y sí, la reacción casi instintiva de la mayoría de la gente cuando se topa con el concepto de la asexualidad por primera vez es preguntarse cuál es nuestro problema.

En cierto sentido es algo más bien irónico, ya que a medida que la homosexualidad, la bisexualidad y la transexualidad son normalizadas, y son finalmente reconocidas como una parte perfectamente natural del espectro de la sexualidad humana (y a medida que los países pasan leyes prohibiendo la patologización de estas conductas), la asexualidad, que hasta hace poco tiempo pasaba totalmente desapercibida, es vista cada vez más como 'un problema', con algunos expertos en el campo de la salud mental llegando incluso al grado de tratarla como una forma de disfunción sexual, o negando su mera existencia, y argumentando en cambio que la asexualidad es una consecuencia del trauma, o la represión, o lo que sea. Están convencidos de que estamos suprimiendo a nuestro yo natural, o algún otro sinsentido por el estilo. Intenta presentar semejante argumento respecto a la homosexualidad en la coyuntura actual, y ve que tan lejos llegas. De hecho, como dije en el primer capítulo, nunca le mencioné siquiera mi asexualidad a mi padre, y no estoy segura de si el hombre tiene idea de lo que está pasando, pero sospecho que si algún día llega a leer estas líneas le va a echar la culpa a algún trauma de la infancia (probablemente a alguno que lo involucra y le da un papel protagónico), o algo por el estilo, y que va a insistir en negarse a reconocer que ésta es simplemente mi naturaleza. Esa es una de las razones por las que he optado por guardar silencio en lo referente al tema por décadas. El salir del closet como básicamente cualquier otra cosa habría sido visto como algo aceptable en su mundo, o por lo menos habría podido contar con que él se iba a quedar callado por miedo a ser visto como un fanático del odio por sus conocidos, ¿pero revelarme como asexual? En el entorno en el que vivimos hoy en día ese puede acabar siendo un desafío mucho mayor.

Sí, la asexualidad es rara, es inusual, y tiende a hacer que la gente se sienta incómoda. Entendemos que no nos entienden. Algunos nos ven como fríos y carentes de sentimientos, mientras que otros solo quisieran que desapareciéramos de su vista. Dicen que la asexualidad no es una forma de identidad sexual... um, de acuerdo, pero si no es una identidad sexual, ¿qué es entonces? Es una elección, por supuesto. Esa es la postura de muchos de esos activistas que han pasado décadas tratando de convencer al mundo entero de que la homosexualidad, la bisexualidad y la transexualidad no son elecciones, que es simplemente quienes son.

No me malinterpretes, no estoy tratando de decir que esas son elecciones personales. Soy plenamente consciente de que no es ese el caso, pero si encuentro que el doble estándar que vemos reflejado en las actitudes de ciertos activistas, por no decir nada de buena parte de los miembros de la comunidad LGBTQ+, es más bien hipócrita. Lo que están haciendo es básicamente reclamar para sí el derecho a negar la validez de la identidad de otros al mismo tiempo que exigen que la suya sea aceptada como incuestionable, y eso es algo que no me acaba de gustar, pero más respecto a ese tema en el próximo capítulo.

5. La 'A' es por los aliados

LGBT, mejor que sea LGBTQ... no, no, tiene que ser LGBTQ+. Eso sigue siendo demasiado vago, ¿por qué no mejor LGBTIQ, o LGBTQIA? ¿Quizás LGBTTQQIAAP? ¡Ese tiene la ventaja que no hace a nadie a un lado! No, es demasiado complicado, volvamos a LGBTQ, o quizás LGBTQIA+. De acuerdo, pero la T que queda, ¿se refiere a los travestis o a los transexuales? ¿Y qué pasa con la Q? ¿Es por la comunidad queer, o por quienes cuestionan su propia identidad? Y por último está la A ¿Se refiere esta A a los aliados o a los asexuales? No, no, los aliados son primero. Son los que están luchando a nuestro lado, hombro con hombro, mientras que los asexuales... bueno, seamos sinceros, ¡esos tipos son raros!

Ésta es, en pocas palabras, la sopa de letras.

Okay, a lo mejor me pasé un poco de irreverente con esa descripción, pero la verdad es que hace mucho que me rendí ante lo inevitable, y dejé de fingir que seguirles el paso a los cambios en lo que a esa sopa de letras se refiere es siquiera posible, ya que la forma 'correcta' parece cambiar en forma semanal si no es que cotidiana, y pobre de aquél que se atreva a usar la forma equivocada... y por supuesto también está la pregunta de que lugar ocupan los asexuales en esta ensalada, con muchos dejando claro que en su opinión simplemente no tienen cabida, cosa que entiendo porque a fin de cuentas no me queda más remedio que reconocer que algo de razón tienen.

El objetivo principal de esta coalición es el dar cobertura a las diferentes manifestaciones de la sexualidad y la identidad de género. Se trata del orgullo, y de ir hacia adelante. Se trata de grupos tradicionalmente marginalizados mostrándole al mundo quienes son, y exigiendo un espacio para sí... y de la nada aparece de repente este contingente diciendo, 'sí, todo eso suena muy bonito, pero por lo que más quieran, ¿no podemos cambiar el tema? Porque francamente esta obsesión con la sexualidad empieza a resultar molesta,' y es ahí donde buena parte de la tensión se origina. Por otro lado tenemos también el hecho de que, como mencioné anteriormente, es mucho más difícil discriminarnos en forma abierta, y que hasta hace relativamente poco tiempo no parecíamos tener problema alguno. De hecho es precisamente porque la comunidad LGBTQ+ ha luchado en forma encarnizada para lograr que el tema pase a ocupar un lugar central en el discurso público que de repente nos estamos viendo marginalizados.

Cierto, hay algunos desafíos que han estado ahí desde siempre, y la soledad siempre a sido un problema, como también lo ha sido el que la misma invisibilidad de la asexualidad, aunada al hecho de que al resto de la humanidad le cuesta hacerse a la idea de que existimos, ha dado pie a una situación que nos dificulta el poder interactuar con otros, pero seamos sinceros, cualquiera que quiera salir del closet declarándose como asexual va a dar pie a una de las celebraciones más aburridas jamás vistas. A nadie le importa, ni siquiera a nosotros, y eso ha llevado a que seamos borrados del discurso público, cosa que sí a dado pie a un cierto grado de resentimiento... de legítimo resentimiento.

La cosa es que mientras que la comunidad LGBTQ (o cualquiera que sea la forma correcta esta semana) nos exige que participemos, que seamos buenos *aliados* por lo menos, ese apoyo no es reciprocado. Se nos trata precisamente como a aliados. Esa A no nos pertenece, y se nos sigue viendo como personas ajenas a la lucha, no como partícipes activos que tienen sus propias preocupaciones y prioridades. Según ellos no tenemos un perro en esta pelea (por mucho que me repugne el concepto de las peleas de perros). De hecho incluso dentro del contexto de la comunidad LGBTQ+ hay quienes cuestionan si la asexualidad debe ser reconocida siquiera como una forma legítima de identidad. Agrégale a eso el hecho que dentro del espectro de la asexualidad no solo están aquellos que no tienen interés en tener relaciones sexuales, sino que encuentran la mera idea repugnante, y lo que tienes es una receta para el desastre.

Seamos sinceros, tras haber pasado literalmente siglos en el closet los homosexuales, las lesbianas y los transexuales no tienen intención alguna de dar marcha atrás. De hecho se deleitan en su nueva libertad para expresarse en la forma más abierta posible. El problema es que si bien los miembros de esas comunidades tienen una tendencia casi instintiva a reaccionar en forma dramática ante cualquier cosa que perciban como una reacción negativa ante sus manifestaciones explícitas de su identidad sexual, el '¡puaj!' que en ocasiones se deja oír de las filas del contingente asexual tiende a ser simplemente sexofóbico. No es ni homofóbico ni transfóbico. No ese ese el problema, no desde nuestra perspectiva, pero es así como los miembros de las comunidades homosexual y transexual tienden a interpretarlo.

Sí, sé que puede parecer absurdo, pero hay numerosos miembros en la comunidad asexual que retienen esa reacción instintiva casi infantil ante la idea de las relaciones sexuales... independientemente de la identidad de los participantes. No es nada personal, pero a quienes han pasado siglos siendo discriminados por ese motivo les puede costar trabajo entenderlo, motivo por el cual consideran que están en su pleno derecho cuando se ofenden por esas reacciones.

Se trata de una situación donde uno de los bandos reclama para sí el derecho a ofenderse por la reacción del otro, mientras le niega a sus oponentes el derecho a hacer lo propio... y sí, considero que se trata de un doble estándar donde uno de los bandos básicamente dice 'mis detonantes son válidos y legítimos, y te exijo que los respetes, pero los tuyos no lo son, de modo que me reservo el derecho de pisotearlos a mi antojo'.

Esto puede tornar la coexistencia bajo una sola sombrilla compartida en algo mas bien incómodo, pero el tan solo señalarlo es suficiente como para hacernos parecer ajenos a la coalición. No tenemos que quejarnos, simplemente tenemos que aportar nuestro granito de arena y callarnos porque a fin de cuentas 'la tenemos fácil'.

De hecho hay numerosos miembros prominentes de la comunidad LGBTQ+ que abogan abiertamente por nuestra exclusión sobre las bases de que gozamos de 'privilegio heterosexual', o que insisten en que nuestras preocupaciones son secundarias, y que no son dignas de atención, y en el contexto de la comunidad esas actitudes no generan mucho (o para ser sinceros no generan ningún) rechazo porque hay una tendencia por parte de los miembros de dicha comunidad a apoyarse los unos a los otros.

Eso nos deja en una especie de tierra de nadie, temiendo el ser vistos como 'desleales a la causa' en lo concerniente a los derechos de las minorías sexuales, cosa en la cual la mayoría de nosotros cree firmemente, pero al mismo tiempo sintiéndonos rechazados e ignorados, y preguntándonos por qué rayos debemos molestarnos siquiera ¿Porque es lo correcto? Sí, lo es, y no nos vamos a poner en tu camino, pero cuando nos exiges que te apoyemos, y que te pongamos en primer plano, tenemos también el derecho a preguntar cuando nos vas a devolver el favor, cuando nos vas a poner tú en primer lugar.

Creo que la mayoría de nosotros hemos tenido por lo menos a uno de esos amigos que pretenden que lo hagamos todo a un lado para apoyarlos cuando lo necesitan, pero que se desaparecen cuando la situación es a la inversa... y todos sabemos como suelen acabar esas amistades. La cosa es que si bien podemos acabar resintiendo a esos supuestos amigos que nunca están ahí para brindarnos su apoyo, en la mayoría de los casos estos amigos no son siquiera conscientes de lo que están haciendo. Simplemente son de esas personas que aman hablar de sí mismas, y que se desentienden de la conversación cuando ésta pasa a otros temas. Son como esa amiga que se puede pasar veintisiete minutos contándote hasta el último detalle de su pleito con su ex por la custodia de su hijo mientras tu padre está en el hospital, y donde es muy probable que en cualquier momento lo tengan que pasar a terapia intensiva, o peor, y a quien en ningún momento se le cruza siquiera por la cabeza la posibilidad de preguntar por su salud (y sí, ese fue un ejemplo tomado de la vida real). ¿Es su pleito con su ex por la custodia de su hijo importante? Por supuesto, y entiendo que en lo que a ella concierne no hay nada más importante que eso, y estoy con la mejor disposición para hacer lo que sea necesario para ayudarla, ¿pero sabes qué? Para mi el hecho de que mi padre esté en el hospital también es importante, y si bien ella está obsesionada con su problema, el preguntarme por la salud de mi padre aunque sea como una mera cuestión de cortesía elemental no quedaría mal ¿Testificaría alguna vez en su contra? Ni remotamente, y tampoco me voy a poner a desear que pierda la custodia de su hijo, pero si insiste con esa actitud va a llegar a un punto donde mi respuesta va a ser simplemente un sincero '¡Buena suerte!' No voy a seguir estando dispuesta a pasarme horas dejándola llorar en mi hombro, o escuchando todo lo que pasa por su mente, o ayudándola a buscar recursos en línea, o dandole consejos, y creo que el dar un paso atrás en esas circunstancias es algo que está plenamente justificado, no porque el no hacer todo lo posible por apoyarla sea lo correcto, sino simplemente porque el estar ahí para ella se ha tornado en una fuente de frustración innecesaria.

Eso es lo que me temo que puede acabar sucediendo entre la (incipiente) comunidad asexual, y el ruidoso contingente de la comunidad LGBTQ+ (especialmente sus miembros más escandalosos)... y cuando eso suceda lo más probable es que nos veamos demonizados, y que seamos acusados de ser homofóbicos o transfóbicos.

Sí, se supone que estamos todos en un mismo bando (o al menos eso es lo que cree la mayoría de nosotros), y también estoy de acuerdo en que hacer lo correcto por el solo hecho de que es lo correcto es importante, pero también lo es la reciprocidad, y eso es algo que sospecho es una fuente constante de tensión. No me puedes decir que nuestra lucha no es la misma, que mis preocupaciones carecen de valor, que mi lucha es irrelevante, y después pretender que lo suelte todo para ir a tomar armas en tu nombre, o describir mi negativa a hacerlo como una especie de traición. No es así como funcionan las alianzas, no en el mundo real.

No, al final del día, si bien podemos intentar abrirnos un espacio dentro del contexto de la comunidad LGBTQ+, no podemos exigirle a esa comunidad que nos acepte. Es su comunidad, y están en todo su derecho si optan por rechazarnos, pero nosotros también estamos en todo nuestro derecho cuando decimos que en lo que a nosotros nos concierne nuestra lucha también cuenta, y que no pueden rechazarnos, y después quejarse de que no estamos lo suficientemente comprometidos con esa lucha que nos han dejado en claro es la suya pero no la nuestra.

Okay, a lo mejor las cosas no son tan simples. Sí, hay numerosas razones como para que los asexuales le demos la espalda a la comunidad LGBTQ+ en su conjunto. En términos generales han demostrado ser malos aliados, e incluso si el apoyarlos es 'lo correcto' su actitud genera irritación, genera resentimientos. Esas cosas no son mutuamente excluyentes (y el hecho de que en la coyuntura actual casi cualquier crítica a la comunidad LGBTQ

+ va a ser rechazada por principio como homofóbica o transfóbica sin pensarlo siquiera no es algo que aliente a la auto-reflexión). El problema es que estas categorías son mucho más flexibles de lo que los nombres (o los activistas más furibundos) las hacen parecer, y bueno... digamos que en los límites las cosas pueden resultar confusas, que no hay guardas armados patrullando la frontera entre la sexualidad y la asexualidad, ni controlando las visas y los pasaportes para pasar de un lado al otro, y eso significa que, si bien en el sentido más estricto de la palabra los asexuales nunca hemos experimentado algunos de los obstáculos que caracterizan a la existencia de los miembros de la comunidad LGBTQ +, que nuestra misma invisibilidad ha hecho las veces de escudo, a fin de cuentas se trata de una línea que resulta imposible de trazar porque como veremos en el próximo capítulo la comunidad asexual no es una especie de monolito. No podemos ser definidos con una sola etiqueta, ni tampoco existimos en una burbuja. De hecho representamos todo un espectro, y eso a su vez significa que sus problemas y desafíos son también nuestros problemas y desafíos, aún si insisten en hacernos a un lado.

6. Tonos de gris

Negro, gris, blanco, y una especie de morado. Esos son los colores que, en una coalición representada por una bandera arcoiris, se supone que simbolizan a la asexualidad. No es, como te podrás dar cuenta, la más alegre de las combinaciones. El negro se supone que representa a la asexualidad en sí. Es el vacío, la ausencia de color. El gris es, como cabe esperarse, por aquellos miembros de la comunidad que se describen como grises, es decir que ocupan un lugar un poco más indeterminado en el espectro entre la sexualidad y la asexualidad, saldando la brecha. El blanco representa o a los aliados, o a la sexualidad en sí dependiendo de a quién le preguntes (y el hecho de que el color blanco aparezca en más de una bandera, pero que no parece haber un consenso sobre su significado no ayuda), y el morado representa a la comunidad asexual en si.

Como sea. La cosa es que lo que esa bandera deja en claro con su secuencia del negro, al gris, al blanco, es que hay toda una gama de tonos de grises que separan al negro que representa el vacío de la asexualidad, y el blanco, la luz brillante de la sexualidad plena (y, seamos sinceros, el por qué rayos esa definición del blanco va a estar incluida en una bandera que se supone representa a la asexualidad es más bien confuso, pero sigamos). Admito que no soy muy aficionada a la cosa esta, pero en general tiendo a ver a las banderas como algo más bien absurdo, y no la habría mencionado siquiera de no haber sido por un detalle: la relevancia del color gris, que también aparece en forma prominente en la bandera arromántica, que parece una bandera asexual de cabeza en la cual vemos a dos tonalidades de verde remplazando al morado.

Según mis cálculos hay alrededor de treinta banderas dando vueltas por ahí (y eso es sin contar siquiera a las variantes que pueden existir, ya que estas cosas también tienen una clara tendencia a cambiar con el correr de los años).

En fin, dado el número de categorías y subcategorías que hemos creado en lo que a la identidad sexual se refiere, no es de extrañar que incluso los asexuales puedan ser subdivididos en una serie de categorías propias.

Lo que tenemos en común es que la idea de tener relaciones sexuales no nos resulta particularmente atractiva, y también sentimos poca o ninguna atracción o deseo sexual. Por el otro lado seguimos siendo humanos, y por extraño que les pueda parecer a quienes ya de entrada nos ven como bichos raros, el hecho de que la idea de tener relaciones sexuales no nos resulte particularmente atrayente no significa que queramos pasarnos la vida entera en la más total de las soledades (aunque desgraciadamente éste acaba siendo frecuentemente el caso), de modo que echémosle una ojeada al menu.

En primer lugar están quienes no solo son asexuales, sino que también son arrománticos, es decir que no se sienten atraídos románticamente por nadie (y aquí es importante señalar que si bien a las palabras asexual y arromántico se las ve frecuentemente tomadas de la mano, hay personas que experimentan deseo sexual pero no atracción romántica, de modo que en realidad representan dos conceptos claramente diferentes que pueden incluso llegar a estar en oposición directa), pero más allá de eso están también quienes se consideran heterorrománticos, homorrománticos, birrománticos y panrrománticos, todas las cuales son identidades que tienen sus contrapartes sexuales fácilmente reconocibles (heterosexual para heterorromántico, homosexual para homorromántico, bisexual para birromántico y así sucesivamente). Además de esto tenemos también una infinidad de tonos de grises dirigidos a definir hasta que grado un individuo experimenta, o deja de experimentar, algún grado de atracción sexual, y para concluir tenemos también al contingente que siente repulsión ante la idea (ah, y para complicar todavía más las cosas es importante señalar que el hecho de que alguien no solo sea asexual, sino que considere la idea de tener relaciones sexuales como algo repugnante no necesariamente significa que esa persona sea arromántica).

El número de posibles combinaciones marearía a cualquiera, pero todavía nos falta mucho trecho por recorrer porque estos tonos de gris se refieren también al punto hasta el cual un individuo puede estar o no dispuesto a participar en la actividad sexual, y para complicar aún más las cosas nos encontramos con que hay personas que, si bien en lo personal no sienten ningún interés en tener relaciones, y que por lo tanto se identifican como asexuales, pero que no son ni arrománticos ni encuentran la idea como algo repugnante, y que pueden llegar a participar en este tipo de actividad para complacer a sus parejas porque dichas parejas no son asexuales (otra vez eso de que no queremos quedarnos solos)... y es aquí donde volvemos a nuestro punto de partida.

¿Recuerdas cómo en el capítulo anterior señalé que si bien buena parte de la comunidad LGBTQ+ no nos ha dejado lugar a dudas sobre el hecho de que en lo que a ellos concierne nuestra lucha no es la suya, y que al final del día el resultado de ésta no los preocupa demasiado? Bueno, dado que muchos de los miembros de nuestra comunidad que son asexuales no son ni arrománticos, ni consideran la idea de tener relaciones como algo repugnante, y que pueden llegar incluso a participar de la actividad sexual para complacer a sus parejas que no son asexuales al tiempo que ellos mismos se definen como homorrománticos o birrománticos, nos encontramos de nuevo en un punto en el que nuestras respectivas batallas se sobreponen. Sí, la situación en su conjunto resulta bastante caótica.

En lo personal siento que eventualmente llegamos a un punto en el cual todas estas divisiones y subdivisiones empiezan a hacer más mal que bien (de hecho sospecho que estas subdivisiones son en buena medida las responsables de la tensión que existe entre la comunidad asexual y la colectividad LGBTQ+). Sí, hay algunas que pueden ser importantes, como si un individuo es o no arromántico, o si siente o no repulsión por el sexo, pero cuando empezamos a hablar de tonos de gris en este contexto... puede llegar a ser un poco mucho. Todo el objetivo de reconocernos como parte de una comunidad es resaltar las cosas que tenemos en común y, seamos sinceros, todos estos gritos de 'pero yo' no ayudan en nada.

Sí, sé que somos todos individuos, que todos experimentamos la vida en forma diferente y desde nuestra propia perspectiva, y que nos gustaría ver respetada a esa individualidad, pero la realidad es que no es así como funcionan las comunidades. Cuando me dices cuantos puntos tiene un cierto dálmata lo que estás haciendo ya no es describir a los perros en términos generales, lo que estás haciendo es describirme a un perro en particular... y esto se trata de los perros en general, no de un dálmata en específico,

La cosa es que, a pesar de la presencia de ese morado en la bandera que supuestamente nos representa, una cosa de la cual los asexuales parecemos carecer es de un sentido de comunidad (otra vez volvemos a la analogía de un ateo que va a una reunión de fundamentalistas religiosos), pero si queremos que las cosas cambien no nos va a quedar más remedio que tomar cartas en el asunto, y también tenemos que entender que esto no se trata de mi, y de lo que me hace único, Ese es un concepto que debemos dejar en la puerta. Ya tenemos suficientes problemas con los demás negando el hecho de que existimos, o peor todavía, usando nuestras diferencias en nuestra contra, sin que pongamos de nuestra parte para facilitarles el marginalizarnos.

Hay todo un espectro ahí afuera, y hay incontables formas de definirlo, con algunas distinciones siendo más válidas que otras, pero si insistimos en enfocarnos en ellas corremos el riesgo de perder de vista el bosque por estar viendo los árboles.

7. La 'otra' palabra que empieza con 'A'

Lo que tenemos aquí es un fracaso de la comunicación. A algunos hombres simplemente no se los puede alcanzar... bueno, a lo mejor eso es parte del problema, pero a lo que me refiero en este caso en particular es a la forma en la cual los profesionales de la salud mental, los precedentes legales y las definiciones cambiantes han dado pie a una situación que puede ser descrita, sin faltar a la verdad, como 'un desastre'.

De todos modos, antes de continuar quiero dejar en claro que cuando me refiero a 'la *otra* palabra que empieza con A' no me refiero a los aliados, que son los que se han adueñado de la A en la sopa de letras. La palabra que tengo en mente es en realidad autismo, que es otro de esos términos que han pasado a ser parte de nuestro vocabulario cotidiano en los últimos años, pero cuya definición ha sido expandida a un grado tal que ha perdido prácticamente todo su significado.

En pocas palabras, hasta hace tan solo un par de décadas el uso de ese término se refería casi exclusivamente a los casos más severos, a aquellos en los que la condición es verdaderamente incapacitante, y que les impide a quienes la padecen el convertirse en miembros plenamente funcionales de la sociedad. De hecho hasta el año 2013 el síndrome de Asperger, que ahora es considerado como uno de los desórdenes que se engloban dentro del espectro del autismo, era considerado como un diagnóstico independiente. Por otro lado, y como es con frecuencia el caso en lo referente a muchas de las cosas de las que trata este libro, de lo que estamos hablando aquí es de una etiqueta, y de una que puede ser aplicada en forma más bien arbitraria. Se trata de una condición médica que solo puede ser diagnosticada a través de sus síntomas y otras manifestaciones externas, y si bien es innegable que en los casos más severos, aquellos que siempre han sido reconocidos como tales, se trata de una condición médica que amerita dicho nombre, al expandir la definición al grado al que lo hemos hecho sin hacer una distinción clara en su interior lo que hemos creado es un problema, especialmente porque existen leyes en vigor en ciertos campos (por ejemplo en lo referente a la inmigración, donde los países se reservan el derecho de admisión, y las leyes contra la discriminación en base a las habilidades no siempre se aplican) en los que, tomando esa definición obsoleta como punto de partida, se clasifica a los casos altamente funcionales en la misma categoría que a los casos más serios, y se los puede llegar a considerar como discapacitados, o incluso profundamente discapacitados cuando no hay nada más ajeno a la verdad. De hecho buena parte de las personas que hoy están clasificadas como 'padeciendo un trastorno dentro del espectro del autismo' son tan discapacitadas como lo han sido siempre los homosexuales. Al fin y al cabo esa es otra 'condición' que hasta hace poco tiempo era vista como una enfermedad mental.

Por supuesto, en este caso es la mescolanza de los casos leves con los severos, del autismo debilitante con el altamente funcional (y aunando de pasada a los que hasta hace poco eran considerados como casos del síndrome de Asperger para complicar todavía más las cosas), en una sola categoría lo que francamente no tiene sentido. El espectro se ha tornado tan amplio que prácticamente cualquiera puede ser incluido en él. Además de eso tenemos también a una población considerable que sospecho que o se perdió entre las grietas, o tuvo la suerte de escapar por los pelos a una muestra monumental de estupidez humana que los habría hecho acabar siendo etiquetados como discapacitados, dependiendo de como veas la interpretación actual. ¿La razón? El hecho de que dado que por lo general el autismo es diagnosticado cuando los niños están en edad escolar, y dadas las cambiantes definiciones y la forma en la cual el espectro ha sido ampliado, se ha dado pie a una situación donde, mientras mayor seas, menos probable es que hayas recibido un diagnóstico de 'autismo altamente funcional' en tu infancia. De nuevo, si esto es una bendición o una maldición es algo que está abierto a debate, ¿pero que rayos tiene eso que ver con el tema de este libro?

Tiene que ver con el hecho de que, al menos en base a los pocos estudios tentativos que se han hecho en la materia, la asexualidad parece ser mucho más prevalente entre quienes han sido diagnosticados como autistas que entre la población en general... y en cierta forma eso no resulta particularmente sorprendente porque si bien el autismo es tratado como una patología, mientras que la asexualidad no lo es, a fin de cuentas comparten una característica que resulta absolutamente crítica: el hecho de que ambos se refieren en buena medida a la forma en la cual un individuo interactúa con quienes lo rodean, y si esas interacciones pueden o no ser descritas como 'normales' según los estándares sociales (y si bien solo uno es considerado como una condición médica, en ambos casos la respuesta de la sociedad en su conjunto parece ser un 'no' rotundo).

De hecho otra palabra que es usada con frecuencia para referirse a quienes se engloban en el contexto del espectro del autismo es 'neuroatípico'. Ésta es, o por lo menos solía ser, una buena palabra, aunque desgraciadamente es otro de esos términos que acabó siendo adoptado por una serie de grupos tan diversos, y que fue aplicada a tantos significados diferentes, que ha pasado casi a carecer de sentido, mientras que el número de 'trastornos' que describe se sigue expandiendo en forma cotidiana.

En un principio se refería en forma casi exclusiva a quienes estaban incluidos en el contexto del espectro autista, pero excluía a los casos más severos, distinción que como mencioné anteriormente me parece perfectamente razonable. Era una palabra fácil de comprender, que sonaba más amable, y que evitaba la patologización que se asocia tradicionalmente con la palabra 'autismo', pero después se le sumaron otros trastornos. Estos eran, en la mayoría de los casos (o al menos oficialmente) problemas que, si bien son innegablemente reales, no pueden ser diagnosticados a través de un análisis de sangre o un encefalograma, por lo que el identificarlos tiene más de arte que de ciencia, especialmente en los casos limítrofes. En esta categoría se agrupan cosas como la ansiedad, los trastornos alimenticios, la hiperactividad, a los obsesivos-compulsivos, etc. Es decir, se trata de conductas atípicas que no encajan en los estándares de la sociedad, y algunas de las cuales pueden ser peligrosas e incluso letales, pero que no implican ningún tipo de retraso mental o en el desarrollo (aunque en ocasiones la dislexia también es incluida, lo cual complica un poco las cosas). ¿El resultado? Que la palabra se ha convertido, al menos en ciertos círculos, en un intento bien intencionado de modificar la forma en la que nos expresamos en lo referente a ciertos temas sin haber cambiado las actitudes que se encuentran detrás de esas palabras, de modo que el problema persiste, pero volvamos a nuestra historia. A los orígenes de la palabra en cuestión, cuando se la usaba principalmente para referirse a quienes estaban en el espectro del autismo.

La cosa es que la palabra neuroatípico, al menos si tomamos su interpretación más literal como nuestro punto de partida (es decir, aquellos cuyos procesos mentales no encajan con las normas sociales sin ser por ello discapacitados), puede ser vista como una que incluye a la asexualidad misma, aunque es importante tener en cuenta que si bien la asexualidad parece ser mucho más prevalente entre aquellos que han sido diagnosticados como autistas que entre la población en general, lo opuesto no es el caso. Que la mayoría de los autistas *no son* asexuales, y que de hecho su incapacidad para expresar su sexualidad en formas que resulten socialmente aceptables es uno de los problemas más complejos con los que sus padres tienen que lidiar, mientras que por el otro lado tenemos que, la forma en la cual el término autista sigue siendo expandido puede llevar a una situación en la cual la asexualidad misma llegue a ser vista como un posible síntoma del autismo. Eso es algo que haría que la sociedad neurotípica tradicional se sintiera mucho más cómoda... y a fin de cuentas no hay nada que podamos hacer para evitarlo. Cierto, en estos días, cuando el mundo entero parece estar fascinado por el concepto del autismo, y donde hay un esfuerzo deliberado por desestigmatizarlo al menos en los casos más leves, llegando incluso al grado de describirlo en términos ridículamente favorables, y muy poco realistas, eso no necesariamente sería un problema.

De hecho ese esfuerzo deliberado por desestigmatizar al autismo a dado pie a una situación en la cual un número cada vez mayor de adultos que no fueron diagnosticados en su infancia

(¿recuerdas a esa generación que mencioné anteriormente que, o se salvaron por los pelos, o se cayeron en las grietas?), que están buscando deliberadamente un diagnóstico en un intento desesperado por explicar lo que perciben como su propia extrañeza. Esto no es necesariamente algo negativo ya que dicho diagnóstico les puede dar acceso a una serie de recursos, servicios y protecciones que de lo contrario estarían fuera de su alcance, los cuales les pueden hacer mucho más fácil el funcionar en sus vidas cotidianas, pero lo que me temo es que así como el péndulo se desplazó una vez alejándose de la estigmatización, puede hacerlo eventualmente en el sentido opuesto, y que si algún día llegamos a ese punto todos aquellos que hoy están buscando un diagnóstico que puedan usar casi como un escudo se van a encontrar en cambio con una etiqueta de la que les resulta imposible deshacerse... y es eso precisamente lo que me hace temer la posibilidad de que la asexualidad llegue a ser vista algún día como un posible síntoma del autismo, aún si no llega a ser considerada como equiparable con un diagnóstico semejante.

8. Amigo no es una mala palabra

Hasta donde he podido observar hay pocas cosas que los hombres teman tanto como el ser vistos como amigos, ya sabes, esos casos en los que las mujeres los tratan, bueno, como amigos. Sí, ya sé ¡Qué horror! Okay, también entiendo que ésta no es necesariamente una preocupación universal, que se trata de una situación que se manifiesta solo en aquellos casos en los que lo que el hombre busca es otro tipo de relación que la que le interesa a la mujer (y el problema casi siempre son los hombres, o a lo mejor esa es solo mi experiencia como mujer), cosa que en el caso de las mujeres asexuales suele ser un problema en algo así como el 99.9% de los casos, y son rechazados.

Sin dar rodeos, los hombres heterosexuales en su mayoría parecen estar totalmente convencidos de que: a) son absolutamente irresistibles; b) están siendo amables conmigo, y cómo me atrevo a rechazar sus avances; y c) que en lo que a ellos concierne la amistad no es (casi) nunca suficiente. Por supuesto que todas las mujeres desean ardientemente sus cuerpos, y si no es así entonces el problema debe ser que algo está mal adentro de nosotras, ¿o no? Ésta es, desgraciadamente, una actitud con la que me he topado en más de una ocasión, incluyendo casos en los que había dejado claro de entrada que no, que decididamente no me interesa tener con ellos otro tipo de relación; que nunca voy a estar interesada en tener con ellos otro tipo de relación; que en lo que a mi concierne no son mi taza de té (ni de café, ni de chocolate caliente). Eso también sigue siendo cierto a pesar del hecho de que he alcanzado una edad en la cual se supone que las hormonas comienzan a asentarse, de modo que con un poco de suerte los hombres deberían ser capaces de empezar a pensar con la cabeza que tienen encima de sus hombros.

Bueno, sí, admito que las cosas han mejorado un poco en ese sentido, pero la tensión sigue estando ahí. Soy una mujer soltera, y como tal debo encontrarlos irresistibles. Es así como deben ser las cosas (o al menos eso es lo que piensan). Ésta es una fuente constante de tensión, ya que estoy perpetuamente a la defensiva, esperando el momento en el cual sus expectativas van a descarrilarlo todo. Ah, y por si eso no fuera suficiente tenemos también el hecho de que el problema presenta una capa de complejidad adicional, ya que aún en aquellos casos en los que los hombres no se ofenden por mi evidente falta de interés en una relación que vaya más allá de la amistad sus novias/esposas/parejas son otro cantar. Suelen estar a la defensiva, se muestran sospechosas, y ese es un problema que se torna todavía peor cuando el hombre en cuestión resulta ser el novio/marido/compañero de una de mis amigas.

En pocas palabras, aún si les hago saber claramente que *no* estoy interesada, que no hay nada entre nosotros, y que nunca va a haber nada entre nosotros porque, por magníficos que sean sus compañeros, en lo que a mi concierne no son mi recondenada taza de té, en la mayoría de los casos a ellas también les cuesta trabajo comprender ese hecho. Ellas también parecen ser incapaces de comprender que esas parejas que están presumiendo con tanto orgullo no me resultan absolutamente irresistibles.

El problema ha llegado a un grado tal que me aterra la sola idea de conocer a los compañeros de mis amigas porque si bien no tengo el más mínimo interés en tener una relación con ellos, esas amistades son importantes para mi, y la sensación que tengo es que esas presentaciones son un campo minado que prefiero evitar.

Okay, es cierto, a estas alturas de mi vida el problema se ha reducido en forma significativa ya que en la mayoría de los casos las relaciones de mis amigas con sus parejas resultan mucho más estables de lo que lo eran en el pasado, de modo que las nuevas presentaciones son poco frecuentes, y eso es sin mencionar siquiera el hecho de que las amigas que siguen estando a mi lado se dieron cuenta hace tiempo que cuando digo que no me interesa, realmente estoy diciendo que no me interesa, de modo que los nuevos ataques de celos son raros (y el hecho de que ahora dispongo de una etiqueta que puedo usar para explicar mi falta de interés en términos que les resultan más o menos comprensibles a los demás también ayuda), pero recuerdo una época en la cual tenía la sensación de que estaba en medio de una carrera de demolición, una que acabó costándome numerosas amistades de esas que son difíciles de reponer. Es simplemente imposible hacer nuevos amigos de toda la vida cuando tienes treinta o cuarenta años. No es así como está configurado el sistema, y mientras mayor seas, menos experiencias compartidas tendrás con tus nuevos amigos.

¿En cuanto a la tendencia de los hombres a considerarse irresistibles? Nope, esa no parece que vaya a cambiar en el corto plazo... o nunca.

Esa es una de las principales razones por las que insisto en el hecho de que la asexualidad nos puede dejar sintiendo increíblemente aislados, y lo peor del caso es que no hay razón alguna para ello. Es simplemente una consecuencia de las expectativas de los demás, de su incapacidad para comprender lo que la asexualidad implica. Están a la defensiva y reaccionan con miedo en base a una serie de expectativas impuestas por la sociedad, las cuales en la práctica nos resultan totalmente ajenas.

De hecho sospecho que este problema es más agudo para quienes nos identificamos como asexuales que para los que se identifican como homosexuales o lesbianas. Sí, tanto los homosexuales como las lesbianas están al margen de esas expectativas sociales convencionales, pero por lo menos pueden señalar a la existencia de una serie de intereses alternativos que resultan aceptables, intereses que reemplazan a los más convencionales, y eso es algo que la sociedad en su conjunto puede aceptar... o por lo menos reconocer. De hecho no es raro que puedan señalar a la existencia de una pareja de carne y hueso. Para la mayoría de nosotros esa simplemente no es una opción.

¿Quieres que te diga un secreto? Puede que no nos interese el tener relaciones sexuales, algunos de nosotros tampoco estamos interesados en el romance (y eso es sin mencionar siquiera que encontrar una pareja que esté interesada en el romance, pero dispuesta a prescindir de las relaciones sexuales no es fácil), pero a pesar de eso seguimos siendo humanos, seguimos siendo seres sociales que anhelan la amistad y la compañía de los demás, pero si bien en la mayoría de los casos no vemos a nuestra asexualidad como nuestra principal característica (no en la forma en la que los homosexuales, las lesbianas y los transexuales parecen hacerlo), lo que nos resulta ineludible es que, precisamente por las expectativas y reacciones de los demás, acabamos siendo hechos a un lado por el resto de la humanidad. Que el intentar encontrar a alguien que realmente entienda, que acepte quienes somos y de donde venimos cuando ese quien y ese donde les parecen tan incomprensibles puede resultar casi imposible, pero a pesar de eso la necesidad sigue estando ahí, y sigue sin ser satisfecha.

Es la naturaleza del juego, de la forma en la que lo jugamos, o quizás del hecho de que nos negamos a participar.

9. Si no está roto no lo arregles

En un capítulo anterior mencioné el hecho de que una de las cosas que han cambiado en las últimas décadas en lo que a la asexualidad se refiere es que ésta parece estarse moviendo contra la corriente. Que mientras que la homosexualidad y la disforia de género han sido eliminadas de la lista de las enfermedades mentales, la asexualidad ha pasado de ser tan invisible que su existencia no era siquiera reconocida, a ser considerada como un problema, como algo a lo que hay que hacerle frente, algo que tiene que ser corregido.

Recuerdo un libro bastante poco conocido que leí hace siglos: *Marciano, vete a casa* de Fredric Brown, el cual fue publicado en 1955 (y por favor ten en cuenta de que me refiero al libro. Hay una adaptación cinematográfica dando vueltas por ahí *¡NO VEAS LA PELÍCULA!* Es una de esas películas que te van a hacer desear salir huyendo para nunca volver, el problema es que lo más probable es que la estés viendo en tu casa porque ningún cine con el más mínimo autorrespeto se atrevería a volver a mostrarla jamás. El hecho de que estés en tu casa no va a reducir en nada tu deseo de salir corriendo. De todos modos, el pobre libro no tiene la culpa. Es la víctima del crimen, no el criminal, y si bien no es una de las más grandes obras literarias jamás escritas, puede ser disfrutable si te agarra del humor correcto, pero la cosa se está descarrilando, de modo que volvamos a lo que estaba tratando de decir). En dicho libro los marcianos invaden la tierra, y sí, son efectivamente pequeños hombrecillos verdes. No son violentos, de hecho a todo efecto práctico son incorpóreos, simplemente... dicen la verdad. Lo ven todo, lo oyen todo, y lo dicen siempre todo. Ya te podrás imaginar como le va a la sociedad humana en su presencia ¿La verdad, toda la verdad, y nada más que la verdad? Eso es absolutamente intolerable. Decididamente no se trata de una situación que estemos en condiciones de manejar. En fin, y tratando de no dar demasiados detalles respecto a la trama por si alguien tiene interés en leerlo, en un momento dado el protagonista pierde la capacidad de ver y oír a los marcianos. Está en paz, no lo molestan ni su presencia ni su ausencia, aunque es plenamente consciente de que el resto de la humanidad puede verlos, de que están convencidos de que los marcianos realmente están ahí. Acaba internado en un hospital psiquiátrico en el cual los médicos no están seguros de cómo tratarlo, o si deben intentarlo siquiera. A diferencia de todos los demás, no sufre por el hecho de que los marcianos están ahí, ¿es eso algo que debe ser corregido? Esa es la conexión más evidente entre la trama del libro y la tendencia actual a tratar a la asexualidad como una forma de disfunción sexual, pero curiosamente este libro nos ofrece no solo una, sino dos analogías. Sí, somos como el hombre que está en esa institución mental que es perfectamente feliz como consecuencia de su incapacidad para ver a los marcianos, mientras que estos se divierten volviendo loca al resto de la humanidad, pero también somos como los marcianos mismos, que lo ven todo desde afuera, incluyendo la forma en la que la gente se complica innecesariamente la existencia a causa de la sexualidad (de hecho la mera idea de tener relaciones sexuales les parece algo absolutamente risible), y no son tímidos a la hora de señalarlo.

¿Qué quieres que te diga? ¿Quizás algo como 'lo entiendo'? Sips, esa es básicamente la respuesta. No entiendo la fascinación con el tema de la sexualidad, y para la mayoría de la gente el hecho de que yo no entienda es precisamente lo que les resulta imposible de comprender. Ellos creen que hay algo que está roto adentro de mi, yo opino que están todos locos. Ese no es un buen punto de partida si lo que queremos hacer es llegar a un acuerdo.

Por supuesto que el ser asexual en la coyuntura actual no siempre es fácil (okay, seamos sinceros, tampoco lo era en el pasado, cuando no teníamos siquiera un término del cual pudiéramos echar mano para autodefinirnos, y donde lo único que sabíamos con certeza era que nuestras reacciones eran radicalmente diferentes de las de quienes nos rodeaban; cuando realmente creíamos que había algo defectuoso adentro de nosotros porque... bueno, ¿porque qué otra explicación cabía?). Somos excluidos y mal comprendidos; nos cuesta encajar; ni siquiera podemos celebrar nuestra declaración de nuestra identidad porque seguimos siendo vistos como una especie de acertijo, aunque para ser sincera tengo que reconocer que el problema va en ambas direcciones. La sexualidad nos parece en ocasiones algo totalmente incomprensible, es solo que desde el día en que nacimos hemos tenido que lidiar con un mundo que insiste en imponérnosla, de modo que de una forma u otra hemos aprendido a movernos en ese mundo, un mundo donde las vidas de los demás nos parecen retorcidas y distorsionadas, al igual que las nuestras se lo parecen a los demás. No necesitamos que nos 'curen' de algo que los demás ven como un problema. Somos quienes somos, no estamos descompuestos, no necesitamos ser reparados, no necesitamos que se nos obligue a ver a los marcianos para que nuestras vidas sean tan miserables como las de todos los demás.

Sí, sé que no es así como lo ve la mayoría de la gente, pero francamente hay un millón de complicaciones con las que no quiero tener que lidiar, y es por eso que hasta ahora había guardado silencio (aunque debo admitir que con el correr de los años he llegado a sentirme cada vez más cómoda con la etiqueta de asexual, aunque no es una aceptación que se dio de la noche a la mañana). Por otro lado tampoco es tan importante. Por extraño que a muchos les pueda parecer puedo vivir mi vida sin tener relaciones sexuales, sin obsesionarme por tener relaciones sexuales, o por las relaciones sexuales que *no* estoy teniendo. No estoy pasando de una relación calamitosa a la siguiente por miedo a estar sola, y eso, en lo que a mi concierne, también tiene su valor.

Déjame que te lo plantee en términos que con un poco de suerte te van a resultar más comprensibles: en lo personal me confieso como una adicta al chocolate, pero por otro lado no creo que el hecho de que a alguien no le guste sea un problema. Es más, sé que, inconcebible como me lo puede llegar a parecer, hay gente que lo detesta ¿Tiene eso sentido a mis ojos? Ni remotamente, pero por otro lado sé que no es asunto mío. Tienen derecho a que no les guste, y eso no significa que haya algo retorcido adentro de ellos. Es solo que sobre este tema no hay nada escrito.

10. Crecer no es fácil

Sí, sé que la mera idea puede parecer increíble según los estándares de las generaciones que se han criado en el presente milenio, pero como mencioné anteriormente, tenía más de treinta años para cuando la palabra 'asexual' finalmente se convirtió en parte de mi vocabulario, para cuando finalmente encontré un término que podía ser utilizado para describir lo que había sido mi experiencia personal hasta ese momento. La cosa es que en la Edad Oscura, antes de que internet irrumpiera en nuestras vidas a mediados de los noventa, nuestro acceso a la información era extremadamente limitado, e incluso en los primeros años de la existencia de la red el tema seguía siendo uno que no se mencionaba siquiera, de modo que no tenía razón alguna para salir a buscarlo. No tenía nada que me orillara a creer que el término existía. En lo que a mi concernía mis peculiaridades eran exactamente eso: mis peculiaridades. Era quizás algo extraña, pero esa era yo... y eso a su vez contribuyó a que mis ya de por sí incómodos años de adolescencia se tornaran todavía más incómodos, cosa que sospecho es más frecuente entre nosotros de lo que quienes *no* son asexuales pueden siquiera empezar a comprender.

Fue tan solo hace veinte años, en el 2001, que AVEN (Asexual Visibility and Education Network, una de las comunidades virtuales más prominentes en lo referente a la asexualidad), fue fundada.

En fin, la cosa es que cuando estaba en la secundaria la mayoría de mis compañeros estaban saliendo en pareja, yendo a fiestas, enamorándose y desenamorándose, coqueteando, y gastando una fortuna en ropa mientras que mi madre... creo que mi madre se sentía como la única madre de una adolescente que se encontraba a sí misma en forma regular pidiéndole a su hija que por favor, *POR FAVOR* considerara siquiera la posibilidad de comprarse algo de ropa (y ella a su vez era una intelectual que, si bien tenía un buen sentido de la moda cuando era necesario, probablemente habría rankeado el ir de compras; como una de sus actividades menos favoritas). En cuanto a mi, yo me sentía, y me sigo sintiendo, perfectamente feliz con un par de jeans y una playera (de preferencia una extra-grande). En cuanto a los chicos fastidiándome y queriendo socializar conmigo e invitándome a ir a fiestas, eso era lo último que quería, y de hecho contribuye a explicar en buena medida por qué mi máximo deseo era que desaparecieran de mi vida.

La tendencia era a suponer que yo era tímida e inadaptada, y que por lo tanto me sentía incomoda en las situaciones sociales, cosa que era cierta, y como trasfondo creo que existía también la sospecha de que era lesbiana, pero que todavía no estaba lista para reconocerlo, ni siquiera a mis propios ojos, o que... bueno, creo que con eso te das una idea.

La secundaria fue muy dura en ese sentido, y la universidad fue todavía peor. Lo que me salvó el pellejo fue que decidí ir a una universidad en la ciudad en la que vivían mis padres, lo que me permitió seguir viviendo en casa. La verdad es que no estoy segura de si habría sobrevivido al caos que era la vida en los dormitorios universitarios, especialmente no a fin de los ochenta y principios de los noventa. Lo único que quería era que me dejaran en paz, y el vivir con mis padres me dio esa oportunidad.

¿Era mi asexualidad el único problema? No lo sé, y esa es una pregunta que probablemente nunca voy a poder responder. Es cierto que nunca fui muy sociable, y que tampoco era muy popular (de hecho tuve una serie de experiencias serias con el bullying por otras cosas antes de que éste fuera tomado en serio), y hasta el día de hoy sé que no acabo de encajar, cosa que no estoy segura se deba exclusivamente a este adjetivo, pero lo que es seguro es que la asexualidad no me facilitó las cosas.

Una vez que internet irrumpió en escena eso me hizo más fácil el comprender qué rayos estaba pasando. MI acceso a la información ya no estaba limitado a los libros y recursos que estaban físicamente disponibles en mis inmediaciones, ni a los temas sobre los que aquellos que me rodeaban estaban dispuestos a tratar.

Como dije, esta experiencia es una de esas cosas que nos separan a los vejestorios de las nuevas generaciones.

Sí, en retrospectiva puede parecer evidente, pero la cosa es que los jóvenes de hoy nunca van a compartir esa experiencia. No van a saber qué es eso de pasarse la juventud entera preguntándose que rayos es lo que está 'fallando' en ellos... sabiéndose diferentes, viendo la forma en la que el resto de la humanidad interactúa, y rascándose la cabeza porque, para ser sinceros, a sus ojos nada de lo que pueden observar a su alrededor parece tener el más mínimo sentido (y sí, sé también que empiezo a sonar como una vieja cascarrabias, pero esa es otra etiqueta que estoy aprendiendo a querer porque, a pesar del progreso que ha habido en ciertos ámbitos, hay otras áreas en las que me temo que vamos en reversa).

Los espacios propios de los asexuales siguen siendo escasos, aunque hay algunos, en general virtuales, que empiezan a emerger. La consciencia colectiva puede seguir siendo limitada, y todavía hay quienes insisten en ver nuestra naturaleza como una especie de patología, pero hay también un reconocimiento cada vez mayor al hecho de que existimos. La información está disponible (al menos para quienes se toman la molestia de buscarla, y ni siquiera les va a costar trabajo encontrarla... aunque la asexualidad nos sigue dejando aislados. Depende en buena medida de dónde vivas (y en que punto del espectro caigas).

Seguro, si vives en una ciudad grande lo más probable es que encuentres a alguien con quien seas compatible. ¿En un pueblo pequeño? Bueno, ahí las cosas ya se complican. Digamos que vives en una ciudad con 20,000 habitantes, y que quizás el uno por ciento de esa población es asexual. Eso quiere decir que hay alrededor de doscientos individuos que son parte de esta categoría. Eso no parece tan grave, pero ese número debe reducirse a la mitad si sientes una afinidad mayor por los hombres o por las mujeres, si eres hetero u homorromántico. De modo que digamos que nos quedan cien personas, pero eso es a lo largo y ancho de toda la gama de edades (y sin excluir a los arrománticos, o quizás eres tú quien califica como arromántico, en cuyo caso hay que eliminar a los hetero, homo o birrománticos de la ecuación), de modo que con suerte quedan diez personas que tienen una edad equiparable a la tuya, y de esos unos dos tercios probablemente están en un punto del espectro que difiere radicalmente del tuyo como para que puedan ser considerados como compatibles. Ahora selecciona a tres personas al azar. ¿Cuáles son las probabilidades de que tu media naranja (o tan siquiera alguien con quien puedas esperar establecer algún tipo de relación) se cuente entre ellos? Yo diría que son más bien escasas (a fin de cuentas nuestra asexualidad es solo uno de los aspectos de nuestra personalidad), y eso es sin considerar siquiera que hay un porcentaje que probablemente no es consciente siquiera de lo que está ocurriendo, de modo que en el mundo real el número puede fácilmente verse reducido a uno o dos... si tienes suerte.

Claro que también me doy cuenta de que este problema es uno que no necesariamente se restringe a quienes se identifican como asexuales, que también afecta a la comunidad LGBTQ+ en su conjunto, y hasta cierto punto incluso a los heterosexuales: tu universo de parejas potenciales está, en la mayoría de los casos, determinado por tu ubicación geográfica, y si bien las apps y las redes sociales nos han facilitado el entrar en contacto con gente que se encuentra próxima a nosotros sin ser necesariamente parte de nuestro círculo social... bueno, hasta cierto punto el problema sigue existiendo. Después de todo de lo que estamos hablando es de un tipo de relación en la que la proximidad física importa, y los números son decididamente un factor a considerar (eso, y que en la mayoría de los casos esas apps destinadas a ayudarte a encontrar a tu pareja no incluyen siquiera a la asexualidad como una opción, lo cual las vuelve absolutamente inútiles).

Si hay algo que la pandemia nos ha enseñado es que si bien la tecnología nos ha permitido conectarnos unos con otros en formas que hace tan solo unos pocos años habrían sido inconcebibles, los romances vía Zoom no son, y probablemente nunca van a ser, la mejor de las opciones, lo cual significa que lo reducido del número de personas que se identifican como asexuales probablemente va a seguir siendo un factor por una buena temporada, y eso... eso es algo a lo que no tenemos más remedio que hacerle frente.

11. Intersecciones

Hay una versión de *Imagine* de John Lennon por el grupo de música a cappella Pentatonix. Realmente merece ser oída, pero no es esa la razón por la que la menciono aquí. Lo que la hace relevante es el hecho de que en un cierto punto del video vemos como uno de los miembros del grupo toma un pedazo de cartón, y en él escribe las letras LGBTQ+, después le da el cartel al segundo miembro del grupo, quien lo da vuelta y ahora vemos escrito en él la palabra 'hombre'. Ésta es pasada al tercer integrante quien le da vuelta para revelar primero la palabra 'judío', y después le da vuelta una segunda vez de modo que lo que se lee ahora es 'estadounidense', este cartel le es entregado al cuarto miembro, quien recibe la palabra 'estadounidense', y le da vuelta para revelar la palabra 'negro' y después la palabra 'cristiano'. Es ésta la que le es entregada a la quinta integrante que la da vuelta para revelar primero la palabra 'latina', y por último la palabra 'mujer'. Es una demostración conmovedoras de las cosas que nos unen y de las que nos dividen, ya que cada uno de esos adjetivos se aplica al integrante en cuestión. Podemos debatir que tan relevantes resultan estas etiquetas, pero al final del día no solo sirven para definirnos en nuestras propias mentes, sino que también tienen un impacto considerable en la forma en la que somos percibidos por quienes nos rodean. Cierto, algunas son más visibles y/o relevantes que otras, pero a fin de cuentas lo que es una realidad ineludible es que aún si no todas estas etiquetas son igual de evidentes, todas están ahí, y que son parte del equipaje mental que llevamos a cuestas.

¿Blanco o negro? Esas cosas suelen ser evidentes, o al menos esa es la teoría, pero a pesar de lo obvia que esos términos pueden hacer parecer la distinción, si vemos las cosas más de cerca lo primero que vamos a notar es que las cosas no son tan claras, y que la situación es mucho más compleja de lo que esos dos términos la hacen parecer. Básicamente, lo que tenemos aquí es una situación donde hay más de dos opciones, y eso es sin contar siquiera con que hay numerosos individuos que son birraciales o multirraciales, de modo que, en el mejor de los casos, eso de blanco o negro es una sobresimplificación. ¿Hombre o mujer? Bueno, por lo menos esos dos parecen ofrecernos una dicotomía más clara, al menos a primera vista. El problema es que, al igual que en el caso anterior, esa primera vista puede resultar engañosa y acabar metiéndonos en problemas, especialmente hoy en día cuando un número cada vez mayor de personas están rechazando abiertamente estos términos, y no me refiero solo a aquellos que se identifican como transexuales, de ahí el uso cada vez más frecuente del lenguaje 'inclusivo' (y la controversia resultante entre quienes exigen que sus preferencias sean respetadas, los que se oponen a él por una cuestión de principios, y los que se oponen a él porque a sus oídos la cosa suena como uñas en un pizarrón). ¿Judío, cristiano, musulmán, y compañía? Bueno, aquí básicamente no te queda más remedio que preguntar, no a menos que la persona en cuestión haya optado deliberadamente por un tipo de vestimenta que proclame públicamente su identidad, y lo mismo se aplica a la orientación sexual.

En mi caso particular 'asexual' es una de esas etiquetas que llevo conmigo, junto con 'mujer', 'latina', 'judía' (okay, seamos sinceros, esa es más bien dudosa porque en la vida real estoy tan lejos de ser una judía practicante que no lo ves ni con binoculares, y lo mismo era cierto de mis padres, pero por algún motivo la sociedad en su conjunto ha decidido que esa es la única etiqueta referente a la religión que es una característica hereditaria. Échale la culpa a una larga historia de antisemitismo, principalmente en Europa, y en la suposición de que la polución la llevamos en la sangre, pero más respecto a ese tema más adelante), e 'inmigrante' ¿Pero cómo veo yo mi relación con esos cinco calificativos?

'Mujer' es, desde mi perspectiva, el menos conflictivo de todos. Fue un calificativo que me fue asignado al momento de nacer. Está en mi acta de nacimiento, y define en una forma fundamental el modo en el que soy percibida por el mundo en su conjunto (seamos sinceros, vivimos en una sociedad en la cual cuando nace un bebé lo primero que preguntamos, incluso antes de '¿Está sano?' es '¿Es un niño o una niña?' o al menos ese solía ser el caso hasta que los ultrasonidos irrumpieron en escena, y nos liberaron de esa duda insoportable. Así de importante considera la sociedad en su conjunto a la respuesta a esa pregunta), y si bien en lo personal yo no tengo ningún problema con ese calificativo, sé que hay otros que no han corrido con la misma suerte. Que es precisamente por la relevancia que la sociedad le adscribe a esa etiqueta que un error en ese sentido puede ser tan devastador. ¿'Latina'? Bueno, sí, al menos según cierta definición lo soy, y estoy orgullosa de ello, pero al mismo tiempo la realidad es que simplemente no encajo en el estereotipo (échale la culpa a la siguiente de mis etiquetas, porque si bien la mayoría de los formularios gubernamentales en Estados Unidos tienen una casilla que dice 'judío no hispano', la realidad es que si bien mis abuelos y bisabuelos emigraron inicialmente a Sudamérica, eran alemanes, rusos, rumanos y cosas por el estilo, de modo que 'latina' difícilmente va a ser la primera palabra que se le cruce a la gente por la mente cuando me ve por primera vez). En cuanto al término 'judía, ese es uno que a mis ojos no acaba de encajar, no en lo concerniente a mis creencias religiosas que es a lo que se supone que hace referencia, pero está ahí, y como mi nombre hace evidente mi relación con dicha fe he tenido algunos encuentros menores, que no por ello dejan de ser extremadamente desagradables, con el antisemitismo, los suficientes como para hacer que me ponga a la defensiva. Si tratas al término como un insulto lo voy a retomar como señal de honor. Es una reacción natural, de modo que si bien no siento que el término sea uno que me represente, no tengo mayor interés en deshacerme de él. El problema es que si bien en lo personal no me identifico mayormente como judía, sé que hay muchos que me ven como tal, y que esa percepción trae consigo una serie de suposiciones que realmente me irritan, pero por el otro lado sé que son parte del mismo paquete, que no puedo elegir unas y rechazar otras, no en lo referente a la forma en la que soy percibida por los demás... y el grado al cual esa etiqueta no acaba de encajar dice mucho sobre las limitaciones de éstas al momento de definirnos. Esas son las tres etiquetas principales que me fueron adjudicadas al momento de nacer, y después hay otras dos (okay, hay más de dos, pero esas son las principales), que fui recolectando a medida que crecía.

La primera es 'inmigrante', y esa es una que, al igual que 'mujer', puede resultar evidente, al menos bajo ciertas circunstancias, y la segunda es 'asexual', la cual resulta totalmente invisible. Al igual que en los tres casos anteriores, ninguna de estas dos representa algo que yo elegí. Una se deriva de un evento crítico que tuvo lugar en mi infancia (el hecho de que mis padres tuvieron que abandonar mi país natal cuando yo tenía cinco años. De hecho esa etiqueta pudo fácilmente haber sido 'refugiada', pero mis padres pidieron la residencia en nuestro nuevo país, no asilo, por lo que en inmigrante me convertí, y la cercanía de esas dos opciones sirve también para ilustrar que tan tenue puede ser las separación entre las distintas etiquetas), y la segunda es 'asexual', que es de lo que trata este libro, y es una con la que es muy probable que haya nacido, pero que tardó un poco en manifestarse. En lo que a los diagramas de conjuntos se refiere, el que obtenemos al combinar todas estas identidades es uno que resulta bastante complejo, al grado que no puede ser plenamente representad em el papel, pero eso dista mucho de ser sorprendente. También es, a fin de cuentas, una representación bastante poco acertada de este dálmata en particular, una que hace a un lado un billón de calificativos menores que se aplican o no dependiendo de las circunstancias, o de quien sea el que las está adjudicando, (cosas como 'amiga', 'hija', 'prima','progresiva', 'solitaria', 'rara', 'idiota' y demás). Sí, existo en la intersección de todas estas identidades, mayores y menores, públicas y privadas, afectuosas u hostiles, pero al mismo tiempo soy mucho más que una mera colección de etiquetas, y lo mismo se aplica a todos y cada uno de nosotros, pero volvamos al meollo del asunto, y veamos como interactúa este calificativo en particular con todos los demás.

En cierta forma esto se relaciona con algo que mencioné en el capítulo *Tonos de gris*: que si bien podemos compartir una etiqueta en particular, a fin de cuentas somos todos individuos, y que por lo tanto la forma en la que experimentamos a esa etiqueta varía, o es modificada por las demás etiquetas que llevamos a cuestas (o por las que nos asignan los demás). Mi experiencia en lo relativo al término asexual como mujer probablemente difiere en forma fundamental de la de un hombre, y mis demás etiquetas también entran en juego. El grado al cual mis experiencias están definidas por esas etiquetas, o por algunas características específicas de mi personalidad es imposible de discernir, así como también nos resulta imposible el delimitar la influencia de cada una de ellas. Hay demasiados factores, demasiadas variables, demasiadas partes móviles, al grado que cualquier intento por establecer una conexión entre causa y efecto nos haría caer de boca. Nos guste o no, hay un límite en torno a las cosas que el método científico puede demostrar, y los seres humanos somos mucho más complejos que lo que una serie de variables arbitrarias y predeterminadas pueden llegar a definir.

Veamos una de las etiquetas con la que ya mencioné que tengo una relación más bien tensa: 'judía'. Para empezar está el hecho de que no representa mis creencias religiosas en lo más mínimo, y por otro lado también está el hecho de que como mujer no tengo demasiado interés en ser asociada con una religión en la cual los hombres rezan en forma cotidiana para darle gracias a Dios por no haberlos hecho mujeres, pero al mismo tiempo se trata también de una etiqueta que se relaciona en forma indeleble con mi nombre. Como inmigrante, y casi refugiada, tampoco me hace muy feliz el trato que Israel les da a los palestinos (y el hecho de que buena parte de la población sea incapaz de hacer una distinción entre judío y sionista tampoco ayuda porque ésta última es una etiqueta que sí rechazo de tajo, una que decididamente no aplica, pero que alimenta a buena parte del antisemitismo que he experimentado en mi vida, motivo por el cual, independientemente de cuál sea mi perspectiva, no puedo liberarme de ella). Por otro lado 'judía' es una etiqueta que me conecta con mi familia y con mi pasado. Es una etiqueta que refleja una tradición cultural que, con su énfasis en la importancia del estudio y el conocimiento, ha tenido una profunda influencia en mi vida, aún si lo hizo en forma indirecta, y yo no siempre estuve consciente de ello. Es, en otras palabras, una etiqueta que me conecta con una larga tradición que, a pesar de sus defectos, tiene numerosos elementos que la recomiendan, y que estoy más que dispuesta a reconocer.

En lo referente al término 'asexual' en sí, ese es una especie de matryoshka, una que incluye dentro de sí a una serie de sub-etiquetas que intentan definirla con una mayor precisión, y sin embargo éstas son sub-etiquetas que soy renuente a adoptar por una serie de razones. Una de ellas es el hecho de que en su mayoría las etiquetas tienden a ser demasiado inflexibles, y que no tienen el grado de sutileza necesario, de modo que si bien pueden servir para pintar una imagen a grandes rasgos, nos pueden acabar metiendo en problemas por el simple hecho de que nosotros mismos no somos inmutables. Además de eso también está el hecho de que a fin de cuentas todos vemos al mundo desde nuestras propias perspectivas, y que hay muchas instancias en las que sospecho que nuestros intentos por definirnos en una forma nítida pueden dar pié a confusiones ya que acabamos asignándole el mismo nombre a posiciones diferentes, o dándole nombres diferentes a una misma posición. ¿Es el turquesa una tonalidad de verde o de azul? Asexual es una etiqueta que resulta relativamente simple, al menos en mi caso, y tampoco hay muchas tonalidades de gris en el asunto, o al menos no creo que las haya (una vez más, solo puedo describir mis propias experiencias, y por lo tanto me resulta imposible el compararlas en forma directa con las del los demás), pero si es necesario probablemente diría que soy panrromántica, inclinándome a homorromantica, pero en el borde con arromántica, y moderadamente repugnada por la idea del sexo, aunque qué diantres implica ese 'moderadamente' la verdad es que no tengo ni idea porque no hay nada que me permita definir en que punto de ese espectro caigo. ¿Claro como chocolate espeso? Te dije que había una razón por la cual era renuente a adoptar estas sub-etiquetas.

12. Mas allá de lo evidente

En cierta forma este libro trata principalmente el tema de las etiquetas, o al menos el de una etiqueta en particular, y si bien en el capítulo anterior dejé entrever que a mi parecer este concepto tiene una serie de limitaciones importantes, en éste las voy a confrontar en forma directa.

Para empezar quiero retomar uno de los temas centrales de este libro, y de mi propia experiencia: el hecho de que pasaron años antes de que me topara con una etiqueta que pudiera siquiera empezar a describir mis experiencias, una que encajara, pero si bien el hecho de que no tenía a mi disposición un término al cual pudiera recurrir para auto-definirme me causó algunas dificultades cuando estaba tratando de descifrar que rayos era lo que estaba 'mal' conmigo, también pertenezco a una generación que, en lo general, tendía a ver el ser etiquetado casi como un insulto... y debo reconocer que esa es una actitud que afecta mis reacciones hasta el día de hoy. Ahí tenemos por ejemplo mi relación con los términos 'judía' y 'latina' que mencioné en el capítulo anterior. De hecho esas son dos palabras que hasta que me senté a escribir este libro prácticamente nunca había usado para referirme a mi misma, y con un poco de suerte cuando termine las voy a poder volver a doblar y guardar en sus respectivas cajas. Soy yo, y es así como me gustaría ser vista, aunque debo reconocer que todas estas etiquetas pueden resultar útiles bajo ciertas circunstancias, pero a pesar de eso las sigo encontrando demasiado estrechas, demasiado restrictivas.

Por otro lado las generaciones más jóvenes, y los miembros de la comunidad LGBTQ+, parecen estar decididos a coleccionar cuantas etiquetas les sea posible, de ahí el número de tonos de gris y de subetiquetas que se supone debemos adoptar para definir exactamente en que punto de un cierto espectro nos encontramos... y hay algunos individuos que también están decididos a experimentar, a encontrar una etiqueta que puedan darse a sí mismos que no sea la de heterosexual, porque ésta resulta demasiado ordinaria, y si hay algo que no quieren ser es ordinarios.

Recuerdo como en mi adolescencia el grito de batalla solía ser '¡no me etiquetes!', ahora eso se ha tornado en 'etiquétame, pero hazlo sin negar mi individualidad... de hecho quiero que esas etiquetas reflejen el hecho de que soy absolutamente único.'

En cierta forma me parece adorable, pero por otro lado también me pregunto si estos jóvenes no acabarían haciéndose menos daño en su búsqueda desesperada por una combinación única de etiquetas si simplemente se olvidaran de éstas (o, peor todavía, si la trivialización de esas etiquetas por parte de los jóvenes que insisten en su determinación de ser vistos como 'diferentes' no va a acabar dando pie una situación que le puede explotar en la cara a la comunidad LGBTQ+ en su conjunto, comunidad que ha pasado décadas tratando de convencer al resto de la sociedad de que su identidad no es una elección), pero por supuesto esa es una decisión que no estoy en condiciones de tomar, y el hecho de que la experimentación haya llegado a ser vista como algo perfectamente normal es una buena noticia porque a fin de cuentas todos podemos necesitar algo de tiempo para llegar a conocernos antes de poder determinar con certeza quienes somos.

De hecho una del las preguntas que planteé en el capítulo de *La 'A' es por los aliados* era precisamente si la Q en la sopa de letras representa a la comunidad queer, o a los que se cuestionan respecto al tema, y el hecho de que esta segunda opción sea vista como algo legítimo es significativo porque nos dice que hemos llegado a un punto en el cual la noción de experimentar, de reconocer abiertamente que no estamos seguros de dónde encajamos, o cuáles son las etiquetas que nos corresponden, finalmente está siendo aceptada.

La cosa es que, nos guste o no, las etiquetas estas importan. Nos ayudan a entender al mundo que nos rodea, e impiden que nos perdamos en un mar de detalles innecesarios. Nos ayudan a entender la forma en la que ese mundo nos percibe, y por si eso fuera poco también está el hecho de que los humanos tenemos una necesidad casi instintiva de catalogarlo... de catalogarlo casi a todo a decir verdad, y sí, el resto de la humanidad está incluida en la lista de cosas que insistimos en catalogar. De hecho esos otros humanos se cuentan entre las cosas que pasamos más tiempo tratando de agrupar en categorías claramente definidas, pero al mismo tiempo somos plenamente conscientes de que nosotros mismos somos mucho mas que una mera colección de etiquetas. Se trata de un equilibrio que puede ser casi imposible de mantener. Somos individuos, y esas etiquetas que el mundo insiste en pegarnos para poder asignarnos un lugar determinado pueden hacernos sentir incómodos, pero como descubrí cuando estaba luchando por comprender mi propia asexualidad, su ausencia puede resultar igualmente devastadora. Esto no es nada nuevo, y de hecho los orígenes de esta perspectiva están presentes en la teoría de las formas de Platón, según la cual las formas (lo que nosotros llamaríamos las etiquetas) son la realidad. Representan a la verdadera esencia de las cosas, y todo lo demás es una mera ilusión.

Okay, la teoría en su conjunto es bastante más complicada, pero éste no es un tratado de filosofía, de modo que hasta ahí vamos a llegar con el tema, pero la cosa es que una vez más nos encontramos ante esa tendencia casi instintiva de nuestras mentes por clasificarlo todo, de enfocarse en los puntos comunes para no ser agobiadas, pero al hacer eso invariablemente perdemos de vista los detalles, de modo que agregamos un número cada vez mayor de etiquetas en un intento por compensar y recuperar esos detalles, en un intento de definir mejor nuestro foco, y es ahí donde la situación se torna cada vez mas caótica. Es aquí donde llegamos a un punto a partir del cual francamente estaríamos mejor si simplemente rechazáramos las etiquetas de tajo, aunque en la práctica eso tampoco resulta particularmente viable.

Simplemente no es esa la forma en la cual estamos programados.

Se trata de una dicotomía interesante, una que se manifiesta en diversos sitios, pero también una que, en buena medida, ha pasado a un primer plano como consecuencia de nuestra nueva obsesión por definir nuestra sexualidad y nuestra identidad de género en una forma cada vez más detallada. Estas etiquetas han pasado a ser un mecanismo que nos permite codificar nuestra individualidad en términos que les resulten fáciles de comprender a quienes nos rodean, o al menos esa es la teoría. En lugar de hacer las etiquetas a un lado nos estamos viendo a nosotros mismos como diagramas de conjuntos cada vez más complejos, los cuales a su vez nos están tornando en una especie de pintura cubista de esas que intentan captar al modelo desde distintos ángulos en forma simultánea, y que al hacerlo lo convierten en algo que resulta totalmente irreconocible.

Somos quienes somos, y podemos vernos diferentes desde las distintas perspectivas, pero aún si nuestros intentos de capturar esas distintas perspectivas en un solo cuadro están inevitablemente destinados al fracaso, eso no quiere decir que no seamos nosotros, que no somos más que una colección de etiquetas (con el caos correspondiente), de modo que sí, las etiquetas pueden llegar a resultar útiles, pero lo que no podemos darnos el lujo de olvidar es que a fin de cuentas son solo una herramienta, y que si bien las señales de tránsito pueden resultar increíblemente útiles al momento de ayudarnos a visualizar lo que tenemos por delante, éstas no constituyen el camino en sí. No representan ni el trayecto que debemos recorrer, ni a nuestro destino final.

13. Invisible es

Bueno, al menos siempre tendremos a Sherlock Holmes... o al menos lo tendremos si la comunidad homosexual no se las arregla para arrebatárnoslo.

¿Qué quieres que te diga? Las representaciones de la asexualidad en el cine y la literatura por lo general brillan por su ausencia, y las pocas que existen no son muy halagüeñas... y a decir verdad lo entiendo. Entiendo que en la misma forma en la que la idea del sexo me parece increíblemente bizarra, para quienes *no* son asexuales la mera existencia de la asexualidad es la que les resulta francamente incomprensible, y dado que ellos son mucho más numerosos, suelen ser los que acaban contando la historia. Agrégale a eso el hecho de que hasta hace cosa de veinte años el término no era siquiera uno de uso frecuente (y que incluso hoy en día sigue siendo menos prominente que los demás integrantes de la sopa de letras), y con lo que te encuentras no es necesariamente con un esfuerzo deliberado por acallar a la posición asexual, sino con algo que se le asemeja, pero que es producto del azar... o al menos ese era el caso hasta hace poco tiempo, porque eso es algo que está empezando a cambiar, y no necesariamente para bien.

En la coyuntura actual cualquier intento por representar a un personaje homosexual o transexual en forma negativa sería recibido con gritos de protesta ¿Una descripción negativa de un personaje asexual? Bueno, lo más que esa representación puede esperar es que la gente se encoja de hombros. De hecho en las pocas instancias en las que la asexualidad es representada en forma abierta ésta sigue siendo tratada ya sea como una cuestión de elección, o como un problema que debe ser superado. Se la sigue representando como algo que es, a fin de cuentas, anormal. Es algo que debe ser corregido, y una de las historias más comunes es aquella en la que un personaje previamente asexual se acaba enamorando (en otras palabras, estas historias tienen al tradicional 'y vivieron felices por siempre, o, lo que es lo mismo, un 'y después c*gieron' como su destino final, cosa que me resulta increíblemente molesta).

Sí, es cierto que los asexuales nunca tuvimos que hacerles frente a los niveles de hostilidad y de discriminación institucionalizada que enfrentaron hasta hace poco las otras orientaciones sexuales, y eso a su vez probablemente jugó un papel significativo en nuestra falta de consciencia y organización. Fueron las mujeres las que tomaron el liderato en la lucha para que sus derechos fueran reconocidos en una época en la que la ley no les daba muchos más derechos que a los niños, y fueron las lesbianas y los homosexuales (y más recientemente los transexuales) los que encabezaron la lucha para pasar leyes contra la discriminación, y una de las razones por las que lo hicieron fue... porque no tenían más alternativa, porque tenían carne en el asador. Lo hicieron porque no eran meramente ignorados, sino que eran activamente rechazados. Lo hicieron porque había leyes en vigor que penalizaban su existencia (especialmente la homosexualidad masculina). Lo hicieron porque la esencia de su ser era vista como una enfermedad. No eran invisibles, no como lo somos nosotros, sino que eran activamente perseguidos. Cuando pensamos en el holocausto nuestras mentes se vuelven inmediatamente a los seis millones de judíos, pero hubo también decenas de miles de homosexuales que compartieron su suerte, y otros tantos que fueron sometidos a los más brutales experimentos mientras los nazis buscaban 'una cura'. Estos son, junto con los gitanos, las víctimas olvidadas del holocausto, los que siguieron (y en muchos casos siguen) siendo perseguidos por la sociedad en su conjunto mucho después de que los campos de concentración fueron liberados.

En cuanto a la asexualidad, esa simplemente pasa desapercibida tanto en el arte como en la vida cotidiana, como lo viene haciendo desde tiempos inmemoriales. Claro que eso no necesariamente significa que no haya personajes asexuales dando vueltas por ahí. Después de todo en lo que al cine y a la literatura se refiere hay incontables personajes cuya identidad sexual no cumple papel alguno... al menos no en el papel (o en la pantalla). De hecho en muchos géneros la actividad sexual era casi inexistente hasta hace poco tiempo. Era solo que, en tanto fuera ese el caso, la heterosexualidad era dada por supuesta. Eso es algo que está empezando a cambiar (Dumbledore, por ejemplo, ha sido descrito como homosexual por la misma J.K. Rowling, pero en la práctica no hay señales de ello en los libros de Harry Potter... okay, si lo miras de reojo a lo mejor puedes llegar a percibir algunas leves sugerencias en el tomo siete).

Entonces, ¿hay otros personajes importantes que, en retrospectiva, probablemente puedan ser descritos como asexuales, y no solamente como no abiertamente sexuales, aún si no se los identifica oficialmente como tales? Es difícil estar seguros ya que en ese sentido solo alcanzamos a ver lo que los escritores y los directores optan por mostrarnos, pero en lo personal yo diría que otro personaje central de una franquicia importante que probablemente puede ser descrito como asexual es Havelock Vetinari, el maquiavélico gobernante de Ankh-Morpork en la serie de *El mundo disco* de Terry Pratchett. No, no se trata de un personaje titular, no en la forma en la que lo es Sherlock Holmes, pero si es uno de los más prominentes, y dado que por lo general la sexualidad de los demás personajes está especificada en forma explícita, no creo que esto se deba a un descuido, sino que se trata de algo deliberado. Nanny Ogg , por ejemplo, dice en un momento 'tuve muchos maridos, e incluso me casé con tres de ellos'; los magos se supone que son célibes; Sam Vimes está casado; Carrot tiene una compañera de otra especie (mujer lobo); y por último tenemos o al feminismo, o a la lucha por los derechos de los homosexuales, encarnada en la lucha contra la igualdad por parte de las enanas, que quieren ser vistas como mujeres, y no simplemente como enanos. Sí, es cierto, el patricio puede ser frío y algo calculador (declaración que puede ser descrita como la subestimación del siglo), pero es uno de los mejores gobernantes que la ciudad ha tenido, y dije que estaba buscando personajes asexuales, no dije nada de amables (por cierto, si quieres un personaje amable, menor, y probablemente asexual en ese sentido tenemos a Leonardo da Quirm, pero hasta aquí llegamos con el Disco).

La cosa es que si queremos encontrar personajes que nos representen, y que no sean literalmente una esponja de mar (sí, te estoy viendo, Bob Esponja) tenemos que cavar, y que cavar hondo. Eso, y que incluso en aquellos casos en los que los encontramos, y en los que no son representados como villanos, ni son 'curados' al final de la historia, estos personajes siguen siendo mostrados como diferentes, como fríos y calculadores, como carentes de la más mínima empatía humana. Esto es cierto tanto de Sherlock Holmes como de Havelock Vetinari, ninguno de los cuales es representado como un hombre estúpido. De hecho los dos son verdaderos genios, pero (y haciendo a un lado a Wuffles y a *Los tres Garridebs*), cálido y afectuoso no es la primera palabra que nos viene a la mente al pensar en ellos.

14. Como escrito por un extraterrestre

Como probablemente sospechas si estás leyendo esto, soy escritora (no dije que soy una buena escritora), y si bien este libro en particular no es de ficción, sino que es una narrativa extremadamente personal, por lo general tiendo a considerarme como una autora de ficción... una que apesta en lo que a su habilidad para quedarse en su carril se refiere, de ahí los libros sobre el cuidado de los perros, temas sociales, el estudio de los idiomas y la teoría de la música (no, nunca fui muy afecta a eso de la especialización). En fin, la cosa es que si bien en el capítulo anterior mencioné lo difícil que resulta encontrar una representación creíble de un personaje asexual en el cine y la literatura por la sencilla razón de que la mayoría de los autores y los directores *no* son asexuales, este capítulo trata sobre el otro lado de la moneda, sobre las dificultades que la sexualidad me representa como una autora asexual, porque me guste o no se trata de un aspecto central de lo que suele describirse como la experiencia humana, que es precisamente lo que se supone que la literatura intenta reflejar, pero al mismo tiempo se trata de un aspecto que me resulta totalmente ajeno ¿Puedo usar la excusa de que en la coyuntura actual un autor asexual que escriba sobre la sexualidad corre el riesgo de ser acusado de apropiación cultural, y quedar exenta de esa obligación? Está bien, admito que en general suelo encontrar la obsesión con la apropiación cultural que parece dominar a algunos sectores de la sociedad como algo francamente ridículo (y eso es sin mencionar siquiera lo limitante que me resulta como autora) porque básicamente ha dado pie a una situación que nos imposibilita el crear una obra con una mezcla de personajes diversa sin ofender a nadie (o sin acabar con un libro entre manos que será invariablemente criticado por su falta de diversidad). Eso ya de por si constituye un problema, pero tornemos nuestra atención a los desafíos específicos que enfrenta un autor asexual en nuestro mundo hipersexualizado.

Sí, hasta hace unas pocas décadas el simplemente omitir la sexualidad era una solución perfectamente aceptable, de hecho en buena medida era lo que se esperaba que hiciéramos, ¿pero hoy en día? Nope, eso se ha tornado casi imposible... de hecho en la mayoría de los casos me tengo que parar de pestañas para evitar el tema en una forma que no se sienta artificial, y por si eso no fuera suficiente también está el hecho de que no quiero que mi asexualidad se torne en una de las características que definen a mis libros, de modo que tampoco le doy un papel central. De hecho en general trato de atenerme a las viejas formas donde la sexualidad era simplemente omitida. Como dije antes, hay algunos géneros a los que los veo como mis lugares seguros, y si bien el omitir la sexualidad en lo referente a mis historias puede parecer algo extraño, dista mucho de ser algo sin precedentes... y por supuesto el hecho de que sean estos precisamente los géneros que me resultan más familiares también ayuda, aunque por lo general tiendo a gravitar hacia el lado más bizarro del espectro (tendencia que en realidad no tiene nada que ver con mi asexualidad).

La cosa es que si bien para la mayoría de los autores que no son asexuales el representar a un personaje que sí lo es en forma creíble les resulta casi imposible porque esos personajes habitan un mundo que dista demasiado de su propia experiencia, lo opuesto también se da. Sí, es cierto que hemos aprendido a funcionar en un mundo donde la sexualidad juega un papel central desde nuestra más tierna infancia sin parecer por ello totalmente fuera de lugar (a fin de cuentas no tenemos más alternativa dado que el simplemente hacer nuestras maletas e irnos a otro lado no es una opción), pero somos plenamente conscientes de que no es nuestro mundo... o al menos a mi no me lo parece. Las historias de amor me resultan totalmente ajenas, y eso se aplica por partida doble (si no es que triple, cuádruple, o a lo mejor debería decir séxtuple) a las escenas eróticas, de modo que es poco probable que alguno de mis libros termine algún día con un tradicional 'y vivieron felices por siempre' (sí, ya sé que sabes a qué me refiero con eso). De hecho dudo mucho llegar a escribir algún día una escena erótica, ¿pero hacer totalmente aun lado a la sexualidad y al romance en todos los personajes sin que esto le de pie a una historia que le resulte totalmente ajena a casi todos mis lectores? Eso también por momentos parece imposible. ¿Lo que me salva el pellejo? El hecho de que si bien la sexualidad y el romance me dejan afuera, soy perfectamente capaz de entender el amor y el afecto, y si bien para mi esos son aspectos que no tienen nada que ver con los anteriores, el hecho de que para buena parte de la población la mera idea de que el amor puede existir en ausencia del sexo, el deseo, y el romance (excepto en circunstancias muy particulares, como puede ser el nexo de una madre con su hijo) parece absolutamente descabellada significa que, en aquellos casos en los que la gente espera sexo y romance, los puedo reemplazar por amor y afecto, y así saldar la brecha, y cuando lo hago me pregunto si soy realmente yo la que se está perdiendo un aspecto esencial de la vida por mi incapacidad de comprender la sexualidad, o si son los demás, quienes parecen ser incapaces de trascenderla.

15. Sacándole el cuerpo al drama

Uno de los temas recurrentes de este libro ha sido el hecho de que hay diversas áreas en las cuales la asexualidad nos hace parecer extraños. Puede no ser algo que nos defina, pero está siempre ahí. En un capítulo anterior también mencioné como nos puede dejar sintiéndonos increíblemente solos. Nos dificulta el encajar, y esa situación se ve empeorada por los cambios que ha sufrido la forma en la cual afrontamos a la sexualidad en el transcurso del último medio siglo. En ese periodo pasó de ser un tema tabú que estaba estrictamente relegado al trasfondo, a ser algo de lo que apenas si nos atrevíamos a hablar, a ocupar un papel central en todos y cada uno de los aspectos de nuestras vidas.

Eso significa que los asexuales pasamos de estar plácidamente sentados en una esquina sin meternos con nadie, a ser expulsados de la habitación en un abrir y cerrar de ojos, aunque por supuesto la situación es mucho más compleja. También hay otras cosas que siempre han estado en el trasfondo, cosas que en lo personal describiría como beneficios, aunque la mayoría de mis amigos opinan que estoy loca por verlo en esos términos.

Me refiero principalmente al hecho de que el ser asexual nos facilita enormemente el sacarle el cuerpo a lo que es, desde mi perspectiva, un montón de drama que a fin de cuentas resulta absolutamente innecesario.

En cierta forma es como observar al mundo desde afuera. No tengo problemas ni con novios ni con novias, y tampoco tengo que lidiar con el caos que las exparejas suelen traer consigo, o con el desastre que son las amistades cuando las relaciones colapsan y hay que repartir a un grupo de amigos en común. Sí, el divorcio es la cara más pública de este tipo de situación, pero por lo menos es también una que está relativamente organizada. Hay un contrato que debe ser disuelto a los ojos de la ley, y existen cortes destinadas especialmente a resolver estos casos. Incluso la custodia de los hijos es frecuentemente definida en esta forma, ¿pero la pregunta de quién se queda con los amigos? Bueno, en ese sentido no hay actores externos que estén en posición de intervenir, y eso tiende a tener un efecto devastador en los grupos de amigos que se ven obligados a elegir un bando cuando dos miembros del grupo que hasta ese momento habían sido inseparables de repente deciden que no pueden soportar siquiera la idea de estar en presencia del otro, dando pie a una guerra de desgaste, donde uno se acaba apartando, llevándose consigo a sus amigos más íntimos.

Es una situación que no tarda en tornarse incómoda, y también es una que se repite una y otra vez, hasta que el grupo inicial prácticamente ha desaparecido, ya que la gente se distancia mucho más rápido de lo que puede ser reemplazada. Es algo que he visto en diversas ocasiones, pero siempre desde afuera... y eso es sin contar el área de desastre que suelen ser los acuerdos de custodia compartida cuando hay niños, y una buena dosis de mala voluntad, de por medio ¡No hay nada más divertido que eso!

De modo que sí, hay algo que a los asexuales parece faltarnos, y la mayoría de la gente, aquellos que saben qué y quiénes somos, tienden a vernos ya sea como extraños o como defectuosos. Se nos mira con lástima. Se nos dice una y otra vez que no sabemos de lo que nos estamos perdiendo, y sabemos que a lo mejor algo de verdad hay en eso,

¿pero desde nuestra perspectiva (o al menos desde la mía)? Bueno, desde nuestra perspectiva en la mayoría de los casos con lo que nos quedamos es con la impresión de que lo único de lo que nos estamos perdiendo es de una cantidad francamente absurda de angustias innecesarias, y eso es algo de lo que bien podemos prescindir.

Es como ese viejo dicho: no puedes extrañar lo que nunca tuviste.

Si me quedara ciega el día de mañana lloraría la pérdida de los atardeceres hasta el día de mi muerte, pero si hubiera sido ciega de nacimiento no tendría siquiera idea de lo que me estoy perdiendo. No podría comprender el por qué de tanto escándalo. No tendría razón alguna para lamentar la pérdida, y la incapacidad para reconocer a las distintas razas, para empezar siquiera a comprender el concepto del racismo, o la incapacidad para juzgar a los demás basados en su apariencia probablemente me parecería un canje más que aceptable... y sospecho que algo parecido puede estar sucediendo en este caso.

Sé que el sexo puede ser algo maravilloso, o al menos eso es lo que la gente insiste en decirme, y hay una camaradería en una relación firme que *puede* surgir de ahí (aunque no siempre lo hace), ¿pero los celos, la mezquindad, el estrés, el drama y el sufrimiento que veo a mi alrededor como resultado? Bueno, debo admitir que viéndolo desde afuera no me puedo imaginar a nada que haga que valga la pena todo eso, y esa es a su vez una de las cosas que me hacen parecer tan rara.

Es a la vez un punto ciego y una fuente de alivio.

No, mi asexualidad no me define, y contrariamente a lo que esta serie de textos puede sugerir, tampoco es algo en lo que piense demasiado, pero sí es algo que hace las veces de filtro en lo referente a mi perspectiva del mundo en su conjunto, de la misma forma que el trauma y las experiencias personales nos afectan a todos. Todos vemos al mundo desde nuestras propias perspectivas, y esas perspectivas pueden ser radicalmente diferentes unas de otras. Es por eso que nos cuesta tanto trabajo ponernos de acuerdo en nada. Es por eso que estamos en una lucha constante los unos contra los otros, y preguntándonos cómo rayos pueden los demás ser tan ciegos (estoy tratando de evitar las malas palabras) como para no comprender lo que a nosotros nos resulta absolutamente obvio.

Recuerdo un incidente muy menor, y que en apariencia no se relaciona con nada de esto que tuvo lugar hace algo más de un año: estaba paseando por la playa y vi que alguien había dibujado en la arena un símbolo femenino o de Venus usando conchillas como su material de escritura (me refiero al signo ese que es un circulo con una cruz debajo, o ♀). Me encantó la idea, e incluso le tomé una foto. Cuando volvía a casa, e iba en la dirección contraria, me volví a topar con el mismo símbolo, solo que ahora lo que se veía era el *globus cruciger* o 'la orbe con la cruz', que es un círculo con una cruz hacia arriba. Desde principios de la Edad Media (con las primeras referencias a éste datando del siglo quinto de nuestra era), el *globus cruciger* ha sido un emblema del dominio de la Iglesia sobre el mundo (y dado que el símbolo incluye una esfera, y no un panqueque, a lo mejor podríamos usarlo para convencer a quienes se aferran a la creencia de que fue Colón que descubrió que la tierra era redonda... sí, sé que eso no viene al caso, pero ese es un error persistente que me irrita de sobremanera). Claro que sé que en el mundo contemporáneo lo más probable es que quien trazó esa figura estaba pensando efectivamente en el símbolo femenino, que la orbe con la cruz es un símbolo que nos resulta casi desconocido, y que casi con certeza quien lo trazó no era siquiera consciente de su existencia, pero a pesar de eso, en tanto los reconocieras a ambos, el símbolo que veías reflejado en la arena dependía de para que lado te estuvieras dirigiendo. Era algo que encapsulaba en una forma increíblemente simple el como algo que nos puede parecer obvio puede tener un sentido fundamentalmente diferente para quien afronta la situación desde otro ángulo.

Pero volvamos a nuestra historia. Lo que estaba tratando de decir es que todos vemos el mundo desde nuestra propia perspectiva. Es algo que resulta una parte integral de nuestro ser, motivo por el cual nos cuesta desprendernos de nuestras nociones preconcebidas y de las cosas que consideramos importantes. A mis amigos la idea de una vida carente de sexo les resulta inimaginable, y todavía más inimaginable les resulta la idea de que el sexo es algo que francamente no me interesa. Para ellos la mera idea es absurda. Es su idea del infierno en la tierra (o algo por el estilo a juzgar por sus reacciones), y sin embargo cuando yo veo sus vidas, con esos niveles de estrés, y sus obsesiones respecto al tema, no me puedo siquiera imaginar qué puede haber que haga que todo eso valga la pena.

Puedo ser ciega, puedo estarme perdiendo la belleza de los atardeceres, pero no extraño la facultad de reconocer a las distintas razas, o de comprender el odio que esa facultad engendra.